HANNA GIMÉNEZ

VELAS E INCIENSOS

Prólogo de F. Caudet

EDICIONES OBELISCO

Si este libro le ha interesado y desea que le mantengamos informado
de nuestras publicaciones, escríbanos indicándonos qué temas son
de su interés (Astrología, Autoayuda, Ciencias Ocultas, Artes Marciales,
Naturismo, Espiritualidad, Tradición...) y gustosamente le complaceremos.

Puede consultar nuestro catálogo en
www.edicionesobelisco.com

Colección Arcanos Mayores
VELAS E INCIENSOS
Hanna Giménez

1ª edición: diciembre de 1981
10ª edición: abril de 2004

© 1991, Hanna Giménez
(Reservados todos los derechos)
© 1991, Ediciones Obelisco, S.L
(Reservados los derechos para la presente edición)

Edita: Ediciones Obelisco S.L.
Pere IV, 78 (Edif. Pedro IV) 3ª planta 5ª puerta.
08005 Barcelona - España
Tel. 93 309 85 25 - Fax 93 309 85 23
E-mail: obelisco@edicionesobelisco.com

ISBN: 84-7720-200-1
Depósito Legal: B-17.980-2004

Printed in Spain

Impreso en España en los talleres gráficos de Romanyà/Valls S.A.
Verdaguer, 1 – 08076 Capellades (Barcelona)

En Él estaba la vida, y la vida era la luz *de los hombres. La* luz *luce en las tinieblas, pero las tinieblas no la acogieron. Hubo un hombre enviado por Dios, de nombre Juan. Vino éste a dar testimonio de la* luz, *para testificar de ella y que todos creyeran por él. No era él la* luz, *sino que vino a dar testimonio de la* luz.

San Juan 1, 4-8

La noche va muy avanzada y se acerca ya el día. Despojémonos, pues, de las obras de las tinieblas y vistamos las armas de la luz.

Romanos 13, 12.

... el único inmortal, que habita una luz *inaccesible, a quien ningún hombre vio ni pudo ver, al cual el honor y el imperio eterno. Amén.*

Timoteo 6, 16.

PRÓLOGO

Jamás mi sorpresa fue tan mayúscula como la experimentada cuando mi editor me trasladó un legajo de papeles manuscritos requiriendo mi colaboración para que dotase de orden literario y sintáctico el susodicho legajo... cuyas anotaciones reunían una serie de extrañas e interesantes experiencias de las que era –es– autora Hanna M. Giménez. Y el insólito, asombroso tema del que trataba –trata– el manuscrito se refería, por decirlo de alguna manera, al *mágico lenguaje de las velas y los inciensos.*

Me pregunté, y supongo que se lo estarán preguntando muchos de ustedes... *¿qué relación puede existir entre la magia los inciensos y las velas?*

Hube de reflexionar al respecto partiendo de la base de que si de manera instintiva o subliminal había admitido la utilidad extrínseca de las velas –proporcionarnos claridad ante la carencia de energía eléctrica–, era obvio que se me escapaba el valor intrínseco de las mismas. Valor que no tardé en descubrir dimanaba de forma inherente a la propia vela en sí: *luz.*

Valor, o valores, que Hanna M. Giménez había sabido encontrar, dotándolo de una cualidad mágica y benefactora, trasladándolo al misterioso mundo del esoterismo para, desde éste, ofrecer una nueva perspectiva de la utilidad de las velas.

Llevando más lejos mis reflexiones acerca de *luz*, de cuyo raudal brillante son elemento básico –entre otros muchos– las velas, recordé que ya las Sagradas Escrituras, en varios de sus libros, se refieren a la *luz* desde una vertiente mística y divina. ¿Cuán no importante será la *luz* si en muchos pasajes bíblicos se la asocia con la figura de Jesucristo? ¿Cuál no será la importancia de la *luz* si en varias secuencias bíblicas se la equipara al *bien*, mientras las *tinieblas* encarnan la imagen del *mal*?

A partir de aquí, obviamente, sólo cabía una pregunta: *¿De qué métodos se servía –se sirve– Hanna M. Giménez para aplicar la magia luminosa de las velas al servicio del ser humano?*

Una breve pausa antes de retomar el hilo del monólogo en este apartado concreto.

El hombre actual no sólo busca respuestas con verdadera avaricia a una serie de situaciones y circunstancias que a cada minuto le preocupan –incluso atemorizan– más, si no que, al mismo tiempo, trata con igual intensidad de buscar estímulos y recursos –estos últimos fuera de las normas hasta ahora tradicionales o establecidas– que le auxilien a la hora de desenvolverse con éxito en un mundo esquivo, hosco, difícil y hasta cruel, que se presenta a veces como una interminable carrera de infranqueables obstáculos.

El hombre actual vive –*¿vive...?*– condicionado, coaccionado, sometido a una serie increíble de tensiones y presiones. Cada día que empieza no es sólo una continuación de la lucha emprendida el anterior sino que, por sí mismo, es otra lucha que añadir a las acumuladas en fechas precedentes. Una lucha en la que por fuerza se ha de salir... *triunfador*. Porque el fallo ya no se perdona. Te has equivocado y tus éxitos anteriores dejan de contar. Ya no vale la máxima antañona y trasnochada del barón Pierre de Coubertin acerca de que *lo importante es participar;* ahora, además de la participación, se exige el triunfo. De no conseguirlo, en el mejor de los casos vuelve a casa, métete en la cama y llora tus penas; en el peor, es posible que te explote el corazón, se te deshaga el hígado, o el cerebro se te reduzca a cenizas, y acabes en un frío nicho de cualquier ignorado cementerio a partir de cuyo momento y transcurridas pocas fechas, apenas si serás un recuerdo en la mente de alguien que llegó a quererte de verdad. Pero lo que sí es seguro, amigo lector, es que aquéllos que te exigieron los triunfos diarios que no supiste o pudiste darles, te habrán olvidado al cabo de cinco minutos. ¡Y puedes darte por satisfecho si consigues sobrevivir trescientos segundos a tu desaparición material! Si esperabas algo más de la Humanidad de la que formabas parte, ¡despierta! Despierta, porque todavía no te has concienciado del mundo en el que vives.

¿Que qué pretendo con toda esta retórica aparentemente exenta de contenido?

Justificar la actitud del hombre de hoy cuando acude a las fuentes más inverosímiles en busca del fluido necesario que le permita avivar su sed de triunfos y éxitos. Justificar también la verosimilitud de esa magia de las velas a través de la cual pueden encontrarse ayudas, soluciones, respuestas, y sobre todo confianza a la hora de actuar. Confianza en que la luz de esas velas mágicas serán el soporte que necesitábamos para salir con bien de las dificultades que nos angustian y asfixian.

La incógnita, el interrogante, vuelve a plantearse ahora permitiéndonos retomar el hilo que poco antes habíamos dejado en suspenso:

¿De qué métodos se servía –se sirve– *Hanna M. Gi-*

ménez para aplicar la magia luminosa de las velas al servicio del ser humano?

Pero, obviamente *ella* mejor que yo, podrá explicarnos –antes de pasar a la exposición práctica del tema que estamos tratando– cuanto hay de verdad en la magia del mundo de las velas... o cómo inciden las velas en el mundo de la magia.

Dicho en el más puro coloquial de hoy... *es una gozada de criatura.* Me estoy refiriendo, naturalmente, a Hanna M. Giménez.

A uno, en principio, se le antoja casi imposible que esta mujer menuda de grácil silueta, de ojos expresivos que manifiestan vida propia y de movimientos plenos de agilidad que recuerdan los de una juguetona ardilla, pueda saber todo lo que sabe acerca de un mundo que para la mayoría de nosotros, amén de misterioso, es desconocido.

Hanna se desenvuelve dentro de su *sanctasanctórum* –pequeño oasis de su hogar que recoge en dosis equitativas el misticismo, la paz, el suave perfume del incienso, el reluciente brillar de las velas, y en cuyo ámbito flota una especie de bálsamo reconfortante– como pez en el agua. Estoy seguro, después de observarla, que sería capaz de encontrar un alfiler con los ojos vendados.

Su risa fácil y contagiosa desmitifica la imagen severa que se tiene en principio –quizá como legado medieval– de toda persona que dedica parte de sus esfuerzos a las tareas mágicas, espirituales, en pro de sus semejantes.

Cuando te acostumbras a ella y a su entorno, cuando todo resulta sencillo a su lado, sabes que ha llegado la hora de formularle la primera pregunta...

Eso hice yo la tarde en que Hanna se dispuso, frente a mí, a responder los interrogantes que llevaba ano-

10

tados en una hoja de papel blanco. Bueno, en realidad, empecé haciendo un comentario en voz alta...

–En cierta ocasión le pregunté a un famoso y popular Mago que dónde había leído él que a través del Tarot se pudiese incursionar en el futuro, a lo que respondió «haberlo leído en los más antiquísimos ancestros de la historia de la Humanidad». Es obvio que interpreté debidamente la respuesta. Ahora, no obstante, quiero reincidir, preguntándote a ti: *¿De dónde has sacado la idea de que pueda hacerse magia utilizando velas de colores, velas corrientes y molientes?*

Una sonrisa en sus labios, una bocanada de *Marlboro* al aire, y:

–*De la práctica cotidiana. No he consultado ancestro alguno, tampoco grimorios, ni pergaminos mágicos. Es sencillo, por complicado que a simple vista pueda parecer, ¡lo más sencillo del mundo! Ya de muy joven* –sigue siéndolo, aunque sus palabras hagan presumir lo contrario– *me gustaba relajarme encendiendo velas a mi entorno. Para leer, escuchar música...*

–Hanna –la interrumpí–, ¿en qué consiste la *magia de las velas?*

–*Consiste en plasmar una energía positiva en favor de una intención y siempre con finalidad benéfica. Al menos yo, aplico esa energía en favor del bien porque mi concepto de la ética y la moral no me permite ningún tipo de transgresiones. ¡Y si supieras lo que han llegado a ofrecerme a veces para que realizase trabajos negativos!*

Juzgué llegado el momento de trasladarle la pregunta que habíamos dejado pendiente en algún punto del prólogo. Esta:

–Los lectores y yo, Hanna, tenemos una especial curiosidad por saber *de qué métodos te sirves para aplicar la magia luminosa de las velas al servicio, o en beneficio del ser humano.*

11

–Te diré, en principio, que mi método de trabajo es el Tarot. Los Arcanos Mayores son el principal punto de partida y referencia pero, al mismo tiempo, cuando el consultante toma asiento frente a mí enciendo una vela del color del día, y ella, en determinados momentos, me auxilia a la hora de concretar dudas o confirmar los presagios que estoy «leyendo» en la tirada de Tarot.

Hizo una pausa fugaz, y retomando el hilo de su respuesta, dijo:

–Centrándome más en tu pregunta añadiré que las velas se complementan con la energía positiva que yo poseo, energía que según algunas médiums procede de mi hermana gemela, fallecida, la cual acude en mi auxilio cuando estoy haciendo un trabajo. A mí, en realidad, ese detalle me es indiferente. Me da igual que se trate de mi hermana, que de un espíritu-guía, que de una gracia superior... Lo cierto es que tal energía existe y se canaliza a través de las velas si bien, antes de utilizarlas, las llevo a la Catedral, las bendigo y realizo un ritual previo que te ruego me permitas conservar en secreto.

Moví la cabeza afirmativamente y sin pronunciar palabra, continué escuchándola.

–Lo que hago, Caudet, es aplicar esa energía positiva por medio de la vela, en favor de la persona que acude a consultarme. Aquella es mi guía, la que en función de su lenguaje singular que puede resumirse en el chisporroteo, el «llanto» o incluso en el hecho de apagarse, confirma mis impresiones o ratifica la lectura que estoy haciendo a partir de la tirada de Tarot.

Una pregunta se escapó de mis labios sin que estuviese prevista en el cuestionario:

–¿Crees en Dios?

–¡Por supuesto!

Sigue, sigue...

–Iba a decirte que en ocasiones y según la respuesta que se desprende de los Arcanos Mayores al interrogante de quien me está consultando... Por ejemplo, en el caso de una posible ruptura matrimonial... Si veo que puede existir solución al problema aconsejo a esa persona realizar un ritual de apoyo con velas, una novena, que yo misma le hago. Si ella acepta ese servicio lo llevo a término de forma gratuita. Este, de acuerdo con tu pregunta anterior, podríamos decir que es uno de mis métodos a la hora de aplicar la magia de las velas en beneficio de un ser humano.

–Está claro que así es –afirmé. Se hizo un breve silencio entre nosotros que me permitió entrar en una cuestión de matices que me parecía importante de cara al lector. Dije–: Me has hablado de *tus rituales con velas*, pero tú y yo estamos escribiendo un libro que tiene por finalidad informar a quienes van a leerlo de cómo realizar ellos mismos sus propios rituales. Y pregunto: *¿Cualesquiera puede ponerlos en práctica?*

–Así es, en efecto. La finalidad de nuestro manual consiste en que partiendo de la información y consejos que aportamos, CUALQUIER persona esté facultada para realizar en su domicilio rituales mágicos con velas. Pero quiero insistir en el hecho de que quien así lo desee debe respetar escrupulosamente nuestras advertencias y orientaciones. Si así lo hace, los resultados serán idénticos a los que puedo obtener yo efectuando el ritual en su nombre. ¡A propósito de lo que acabo de decir! Existe una puntualización que los futuros operadores deberán tener muy en cuenta: jamás debe escenificarse un ritual en favor de otra persona sin contar con el beneplácito de ésta; al margen de cuestiones éticas, los resultados podrían ser confusos e incluso negativos...

Ya lo saben los lectores ¿eh? Ni siquiera con el mejor de los propósitos pueden llevarse a cabo rituales de velas en pro de terceros sin el consentimiento de ellos.

–*Todo el mundo está facultado para servirse de las velas sin necesidad de tener conocimientos de magia, ni ciencias ocultas o esotéricas, ni cabalísticos, ni de nada parecido. Bastará, sencillamente, que se rijan por las premisas establecidas en nuestro libro* –concluyó Hanna con énfasis, dejando muy claro el amplio abanico de posibilidades, al alcance de todos, para realizar rituales mágicos con velas.

Le tocaba el turno a otra pregunta importante. La formulé, por supuesto. Con estas palabras:

–¿Qué puede pedirse, qué gracias deben solicitarse a través de las velas y, lo que es más importante... *a quién deben dirigirse las peticiones?*

–*A las energías positivas que te acompañan* –repuso de inmediato. Puntualizando–: *Llamándolas Dios, Angel de la guarda, espíritus del bien que te puedan auxiliar o incluso, sin acudir al plano astral, a tu propia fuerza de voluntad. Ahora bien, si tienes fe y crees en los poderes del Más Allá, es lo más lógico y cabal que te dirijas a ellos.*

–¿Qué significado ocultista tiene para ti una vela, Hanna?

–*¿Cómo te lo explicaría...?* –preguntó a su vez como si se interrogara a sí misma. Transcurridos unos segundos de silencio, dijo–: *Es la parte interna de uno mismo, lo recóndito, lo escondido, lo anímico y hermético. Nuestra envoltura externa, el cuerpo, es la parte telúrica, y el alma, que es la luz interior, podríamos equipararla a la llama de la vela que surge de dentro de ésta. Ese es su ocultismo o misticismo. De lo que te acabo de decir se desprende el hecho de que nosotros SOMOS ESA VELA y como ella, llevamos la luz en lo profundo e invisible.*

Le dije que se acercaba el fin de nuestra entrevista porque el tiempo-espacio literario era así de limitado;

de cruel. Cruel, desde luego, porque estando en compañía de Hanna las entrevistas deberían ser interminables.

–*Entiendo...* –susurró con un tono de voz tan dulce y suave a la vez que me hizo estremecer a mi pesar.

Pregunté:

–Al margen de cuanto hemos significado, ¿qué consejos o recomendaciones añadirías para aquellos que decidan poner en práctica rituales mágicos con velas?

–*En principio y aunque ello pueda dejar estupefactos a nuestros lectores, yo les aconsejaría que se acostumbren a sembrar para recoger; o sea, que todos los logros que sean capaces de asumir a base de sacrificio, esfuerzo, perseverancia, fuerza de voluntad y trabajo continuado, serán su mejor recompensa, dejando de lado las magias, rituales, etcétera. No obstante y como en ocasiones nuestras energías no son suficientes para recoger los frutos pretendidos, si deciden buscar el amparo de la magia de las velas, un único consejo compuesto de tres palabras: FE, FE y FE. Fe ciega en lo que se está realizando.*

Presioné el *stop* de mi grabadora.

Luego seguimos hablando porque yo sí podía dedicar todo mi tiempo a embelesarme con nuestra conversación.

Por último, pedí a Hanna que echase el Tarot sobre la mesa y escudriñara mi futuro.

No recuerdo jamás, y pongo a Dios por testigo, una tirada similar a aquella. Hanna fue «leyendo» los Arcanos consiguiendo que mi sorpresa, en algunos instantes, no reconociera límites.

Lo que he dicho al principio... *¡qué gozada de criatura!*

F. C.

LAS VELAS

Y

LOS INCIENSOS

Para llevar a buen término cualquier ritual de MAGIA BLANCA, o dicho de otro modo, para obtener los beneficios que a través de él se pretenden, es imprescindible depositar en dicho acto una fe berroqueña a prueba de cualquier duda o agresión exterior.

No basta con el hecho de que una necesidad más o menos perentórea OBLIGUE a buscar ayuda o auxilio para que nuestras plegarias sean escuchadas y atendidas, como si la simple circunstancia de pronunciarlas fuese una total garantía de éxito.

Es principio fundamental, condición «sine qua non» diría, tener esa fe ciega de la que hablaba anteriormente..., fe inquebrantable en aquello que estamos haciendo y en el por qué lo estamos haciendo. De establecer un paralelismo con el mundo católico equivaldría a decir que la oración del PADRENUESTRO, por el sólo hecho de recitarla, no va a mitigar nuestros dolores físicos, psíquicos o espirituales. Es ineludiblemente necesaria la fe en Dios, el amor hacia Él, nuestra entrega total y sin reservas, para que tengamos una mínima certeza de que nuestros ruegos y súplicas van a ser escuchados por el Creador.

Idéntica filosofía debe aplicarse a los rituales de las velas.

El uso o utilización de las velas es antiquísimo, tradicional y polivalente. La liturgia católica es un ejemplo flagrante de la polivalencia a que me refería. Basta tan sólo trasponer el umbral de una iglesia para que nuestra pituitaria se impregne del característico olor a cera ya que, una de las constantes más generalizadas de los fieles, es encender velas a aquellos santos –a sus imágenes para ser más concretos– de los que son devotos, ya para agradecer una gracia concedida, ya para solicitarla.

Este hecho, el de honrar a los santos con la ofrenda de una vela, es explícito por sí mismo en cuanto al valor religioso y místico de aquélla, en tanto y cuanto lo que se pretende, es ofrecer a la imagen que representa el *leit motiv* devoto, *luz* con la que realzar su esplendor y grandeza.

También es frecuente el empleo de velas aromáticas para eliminar los olores ofensivos que el tabaco, la condimentación de las comidas o los desperdicios de las mismas, crean en la atmósfera de los hogares.

Pero el tratamiento que voy a dar a la utilidad de las velas es muy otro, es devocional como pueda serlo el de los católicos, pero al mismo tiempo mágico. Es en función de esta última circunstancia que me permito establecer una especie de leyes morales que deben atender a las siguientes, digamos cláusulas:

I. Ser conscientes de las razones por las cuales vamos a servirnos de las velas.

II. Concretar antes del inicio del rito si la ofrenda y lo que de ella se pretende redundará en bien del oficiante o de terceras personas.

III. Si se trata de beneficiar a una persona ausente físicamente de la ceremonia, es imprescindible contar con su beneplácito o aquiescencia para que ésta, al menos de un modo espiritual se integre en la parafernalia mística del acto devocional que vamos a realizar en su nombre. Se pretende que exista una simbiosis etérica entre oficiante y beneficiario, para que la realización surta los efectos mágicos apetecidos. Actuar sin el consentimiento de dicha persona podría reportar consecuencias negativas para ella y para quien escenifica la ceremonia.

IV. Es de capital importancia elegir escrupulosamente la fecha y hora en que se realizará el rito, al igual que el planeta, signo astrológico, Arcángel protector y Sello del mismo, y tonalidad de la vela, todo ello en perfecta connivencia con la petición que se vaya a formular.

V. No olvidar en ningún momento que la vela puede actuar como sistema adivinatorio, método de protección, o como auxilio para obtener un deseo, restablecimiento de un enfermo, alivio de tensiones psíquicas tan frecuentes en el hombre actual y, lógicamente, para solicitar la luz necesaria que alumbre nuestro camino en pos del éxito siempre y cuando ese éxito particular no venga en detrimento de la felicidad de terceros o se interponga en el camino que otros puedan seguir en busca de idénticas obtenciones.

VI. Estricto concienciamiento de que la magia de las velas no es una diversión que pueda tomarse a la ligera, sino que se trata de un ritual en el que se barajan fe, mística y devoción, por lo que no admite ligerezas ni frivolidades. Estas mismas razones pueden aplicarse al hecho concreto de que no debe abusarse de este ritual como sucede en otros sistemas de adivinación o peticiones; eso quiere decir que no es prudente encadenar rito tras rito, encender velas y apagarlas para prender otras de diferente color y realizar subsiguientes súplicas. Eso, amén de nefasto, puede acabar creando una psico-dependencia, acto que anula por completo los efectos benefactores a que se aspira.

VII. El hecho de quemar una vela en un conjuro mágico-místico comporta de inmediato la invocación de unas fuerzas superiores e invisibles, abstrayéndolas de su mundo para que acudan al nuestro, a la demanda que les planteamos de acuerdo con las necesidades supuestamente perentóreas que nos impulsan a establecer tal contacto. Procuremos en todo momento que los motivos de nuestra súplica sean en verdad importantes.

VIII. Por último, insistir de nuevo en la esencia de las frases que he apuntado al principio: fe inquebrantable, unción devota, confianza en los poderes que invocamos, solemnidad y entrega total. Y una conciencia firme, convicta de que actuamos en nombre del bien y de la luz.

PUNTUALIZACIONES

La puesta en escena de cualquier ritual mágico –al margen de las advertencias e indicaciones sobre las que he hecho referencia en el apartado anterior–debe circunscribirse en un marco de formalidad y ortodoxia, el cual se establece a través de una normativa que, en el caso que nos ocupa podría atenerse a las siguientes reglas o artículos:

I. La utilización de una sola vela para cada súplica. Dicho de otro modo, no es lícito emplear la misma en busca de obtener diferentes gracias o auxilios. Cada ceremonial requiere una vela distinta.

II. Queda al libre albedrío del oficiante escoger la forma geométrica de la vela en el momento de escenificarse el rito –cuadrada, piramidal, grabada, etc.–, si bien es de justicia advertir que una vela común y corriente como la que utilizamos frente a la carencia de electricidad, obra los mismos efectos que otra más sofisticada. Ello pone de manifiesto que la apariencia externa de ese elemento primordial no es determinante por lo que al éxito de la ceremonia se refiere, ya que éste dependerá más concretamente de nuestra entrega, recogimiento, y de un respeto escrupuloso a los puntos que indicaba en el apartado anterior.

III. Se aconseja, dado el sentido místico-mágico pretendido con el ritual que se va a llevar a efecto, prender la vela con una cerilla, rechazando otros sistemas de encendido en la actualidad más convencionales. También aconsejo no apagarla soplando, si no ahogando la llama en el interior de un vaso o recipiente cerrado por la base de apoyo.

IV. Auxiliar indispensable a efectos de una realización más intensa y profunda del ritual es la presencia del incienso (sobre su importancia e influencia hablaré con mayor amplitud en el siguiente apartado), cuyo aroma no sólo purifica el ambiente sino que ayuda a establecer una vía mística de contacto entre quien se dispone a formular la súplica y los poderes superiores que van a ser invocados.

V. De la misma forma que para nuestras realizaciones profanas –lectura, televisión, estudio de trabajo, etc.– solemos disponer de una estancia adecuada a tales menesteres, es necesario –aunque no estrictamente imprescindible– que tengamos una habitación lo más acorde posible con el ritual mágico que realizamos a través de las velas. Como uno de los elementos indispensables para escenificar el rito es la concentración, deberemos elegir el habitáculo más alejado del mundanal ruido, el lugar idóneo que propicie nuestro recogimiento. Ello redundará en beneficio del oficiante a la hora de conectar su magnetismo en la dirección adecuada para que se dirija hacia el segmento de la *luz* con toda su fuerza y poder.

VI. La mesa donde van a depositarse los elementos físicos –vela e incienso, y representaciones de las fuerzas de la naturaleza mágica: *fuego, tierra, agua y aire*– puede ser de diferente forma o tamaño pero, teniendo muy presente que si lo que ahora vamos a utilizar como *Altar* tiene otros usos domésticos, deberá cubrirse con un manto o tela que haga las veces, a fin y efecto de proteger el magnetismo al que posteriormente será expuesta. Me inclinaría por recomendar para tal menester un tejido de algodón, hilo o seda, así como que la mesa se emplee tan sólo para los rituales mágicos de las velas desconectándola de cualquier otra actividad profana.

VII. Si en el momento de iniciar la ceremonia echamos en falta una vela de un color determinado siempre podemos recurrir a una blanca, acto este que nunca se podrá invertir sustituyendo una vela blanca por otra de color. De igual modo, ante la carencia de incienso de aroma específico, se le puede sustituir por el normal o el litúrgico. Si por cualquier causa ha de trabajarse sin incienso ello no será obstáculo para la realización del ritual ya que, el único elemento imprescindible para ello es, lógicamente, la vela.

VIII. Decía en la regla o artículo VI que sobre la mesa o altar debe existir una representación de los cuatro elementos básicos de la naturaleza mágica: *fuego, tierra, agua y aire*. Fuego y aire están escenificados en la propia vela; el agua puede estar presente en un recipiente que la contenga, derramando en su interior una cucharadita de sal. Y por lo que a la tierra se refiere, nada mejor que un puñado de ella para representarla.

SOBRE LA IMPORTANCIA

DEL

INCIENSO

Decía en el texto del artículo o regla VI del apartado anterior –que desglosa los matices y puntualizaciones a la hora de establecer una ortodoxia general en la escenificación de los rituales mágicos con velas– que el incienso puede convertirse en un importante auxiliar de los mismos, ya que su humo aromático ayuda a establecer una vía mística de contacto entre el oficiante o suplicante y los poderes superiores que invocará para la obtención de la gracia solicitada.

Nada más cierto, desde luego.

Como no lo es menos la influencia del incienso en la historia de la humanidad, hecho que demostraré seguidamente con una serie de incontrovertibles testimonios escritos al respecto.

Pero antes de pasar a ello –dado que voy a ofrecer perspectivas y aspectos muy generalizados de la incidencia de esta gomorresina aromática–, quisiera centrar la atención del lector en el hecho puramente místico, y esotérico si se me apura, del incienso.

La presencia de este fragamento elemento es condición *sine qua non* a la hora de elevar oraciones a los espíritus del mundo astral en solicitud de su gracia y auxilio. Es obvio que estas súplicas serán dirigidas a los espíritus benéficos del mundo astral o de la otra dimensión, que son aquellos que durante su estancia terrena consagraron su vida al apostolado del bien fuera cual fuese la faceta social o profesional que en su paso por la Tierra ejercitaron.

Los espíritus acogen agradecidos este tipo de ofrenda no por la fragancia en sí que desprenden las varillas al consumirse, si no por el significado austero que encierra en sí mismo la consunción de aquéllas. De ahí el que pueda asegurarse que las oraciones carecerán prácticamente de contenido, y por supuesto de efectividad, si no se acompañan con la ofrenda del incienso más adecuado a cada una de las peticiones que se efectúen.

En este tipo específico de ritos a los espíritus del mundo astral es ineludible que exista la presencia de DOS VELAS BLANCAS –símbolo incuestionable de la *luz*–, en medio de las cuales se situarán las varillas (en el interior de un vaso o soporte) con el aroma más adecuado a la petición que se va a formular.

Como ya he significado también en el uso de las velas, es procedente prender el incienso con cerillas, avivarlo agitándolo, y dejar que se extinga por sí mismo, esparciendo al final las cenizas en el aire (terraza, parterre, jardín, etc.) o en el mar, pero nunca deshaciéndose de ellas en el lavabo o cubo de desperdicios.

Antes de pasar definitivamente a las perspectivas histórico-generales del incienso (que nos hablarán de su importancia tradicional, relacionaré los aromas a seleccionar en función de las peticiones o súplicas que se realicen:

PARA ROMPER HECHIZOS, MALEFICIOS, Y DESTRUIR LA MALDAD DE LOS ENEMIGOS, *aromas de ámbar y musk.*

PARA ATRAER LA BUENA SUERTE Y PROTECCION CONTRA ACCIDENTES, ENEMIGOS Y CONTRATIEMPOS, *aromas de jazmín, clavel, violeta o canela.*

PARA CREAR UN BUEN AMBIENTE FAMILIAR, *aromas de lavanda, rosa o romántica.*

PARA SALVAR UN MATRIMONIO, *aromas de lavanda, rosa, jazmín, romántica o especial mil flores.*

ETIMOLOGIA Y SINOPSIS

HISTORICA DEL INCIENSO

Con esta palabra se designa una gomorresina obtenida por incisión de árboles del género *Boswelia,* de la región subtropical, y que al ser quemada produce un olor balsámico. El lugar de origen del incienso era, según la Biblia, el país de Saba. En realidad, la producción de dicho país no bastaba para el consumo. Lo que sucedía era que sus habitantes monopolizaban el comercio del incienso, substancia que también, como al presente, se producía en el litoral del golfo arábigo y en la Somalia.

Los nombres dados al incienso en los antiguos idiomas parecen referirse a sus aspectos al salir de la corteza: *lebonah,* significa en hebreo, blanco, y de ahí procede el griego *libanos,* el árabe *luban* y el latino *olibanum.* El nombre de *thus* parece proceder, sin embargo, de *byein* (sacrificar). La palabra *incienso* deriva de la latina *incendo* (encender, quemar). En la antigua civilización de los países comprendidos entre el golfo Pérsico, el mar Rojo y el Mediterráneo, incluyendo Egipto, era muy usado desde antiguo para producir, quemándolo, humos de olor agradable. Inscripciones e imágenes egipcias, que Dümchen copió del templo de Deir-el Bahari, de la orilla izquierda del Nilo, en Tebas (Alto Egipto), y que descifró, demuestran que, en el siglo XVII antes de nuestra era, una flota egipcia se dirigió a los países llamados To-nuter y Pun (o Puone, Punt); por mandato del rey Rama-Ka, la flota trajo de allá *ana* y árboles vivos que producían esta substancia y, además, leña de sándalo, leña de aloes, corteza de casia, colmillos de elefante, antimonita, oro, monos, etc. Según toda probabilidad, *ana,* significa aquí incienso, aun cuando también se ha dado este nombre a otras resinas y gomas.

Los antiguos hebreos, en sus ceremonias religiosas, hicieron gran uso del incienso, que los fenicios se procuraban de Arabia en gran escala. El incienso fue llevado también, a veces, a través del sur de Arabia, a las orillas del mar Rojo, y de allí, por ejemplo, a Gazan, frente a las islas Farsan, y luego al puerto egipcio Kosser o también por tierra al norte de Arabia y Palestina. Asimismo en tiempos lejanos fue exportado incienso a Persia y Babilonia. El comercio del incienso tuvo evidentemente gran desarrollo en épocas muy antiguas en los países del litoral del mar Rojo. Ya Teofrasto describe la actividad de los sabeos, el país del incienso, *Libanotifera regio,* tenía gran nombradía en la antigüedad, aun cuando Estrabón y el autor de *Periplus* sabían ya que las costas del país de los somlís también suministraban incienso. Sin duda, ya entonces era llevado éste a los puertos árabes y de allí se reexpedía a países más lejanos todavía, por ejemplo, según parece, a China en el siglo III de nuestra era. Da idea de lo muy apreciado que era entonces el incienso, el dato debido a Plutarco (autor de las *Vidas Paralelas*); cuando Alejandro Magno se apoderó de Gaza formaron parte del botín 500 talentos de incienso y 100 de mirra, que fueron enviados a Macedonia. También confirma esta idea la noticia debida a Herodoto, de que los árabes fueron obligados a pagar al rey persa Darío un tributo anual de 1.000 talentos de incienso. Plinio y Dioscórides hablan extensamente del incienso, a cuyo uso se acostumbró poco a poco Roma, del cual se gastaron inmensas cantidades por orden de Nerón en el entierro de Popea. En Gaza, al sur de Palestina, se implantó un derecho de entrada al incienso.

De Egipto se tiene la referencia más antigua (?) del uso del incienso en las ofrendas a las deidades y a los muertos. También se conoce su empleo en otros pueblos del próximo Oriente, en sus actos de culto; así, en Babilonia y Persia, y en los pueblos de Palestina. Los griegos, antes de utilizarlo (s. VIII a. de J.C.), ya se habían familiarizado con la idea de agradar a los dioses con humaredas olorosas, pero sirviéndose de maderas odoríferas. Es probable que el uso del incienso se introdujera, entre los griegos, con el culto a Afrodita, de origen oriental: empleaban incensarios fijos situados cerca del altar; incensarios portátiles, y también entremezclaban el incienso con las víctimas ofrecidas a los dioses. En el culto a las divinidades romanas, su uso era más general: al principio, también utilizaron sus adeptos humo de maderas odoríferas, pero con el culto a Baco se inició el empleo del incienso, generalizándose de tal modo que fue considerado como elemento esencial en los rituales, sin el cual el sacrificio no era completo. En otras religiones también se empleó, o se emplea, el incienso; así en el antiguo México, entre los budistas (introducido en el siglo VII a. de J.C.), y fuera del culto oficial, entre los mahometanos.

También el pueblo hebreo −como se ha apuntado anteriormente− hizo uso del incienso en sus actos de culto, pero la fecha de su incorporación a los mismos es harto discutida. Los judíos ofrecíanlo solo o junto con otros sacrificios. Si era ofertado en solitario, el incienso carecía de total pureza, siendo mezclado con otros ingredientes, y la fusión se realizaba meticulosa-

31

mente por parte de los sacerdotes. De manera general, se usaba también mezclado en otras religiones antiguas. Entre los hebreos, al margen de ser empleado en las grandes festividades y sacrificios y súplicas –excepto en las ofrendas por los pecados o expiaciones–, era ofrecido diariamente en el altar de los perfumes, dos veces al día: a las nueve de la mañana y a las tres de la tarde. Este rito, cuya puesta en escena se reservaba en principio a Aarón, fue confiado posteriormente a un sacerdote designado por sorteo. En el culto hebraico, el incienso se ofreció sólo a Dios, y los sacerdotes eran los únicos encargados de guardar este perfume. Tanto en el Antiguo como en el Nuevo Testamento, el incienso es el símbolo de la oración.

En el culto cristiano no se tienen pruebas fidedignas e irrefutables de que apareciese antes de la segunda mitad del siglo IV, pues las alusiones anteriores a este período son meramente simbólicas. Por otra parte, hay textos que parecen probar la prescripción del incienso en los actos rituales, sin duda para recordar el culto a los ídolos paganos. En el IV aumentan los escritos referentes a su uso por parte de los cristianos, aunque no con un claro sentido ritual. En principio fue utilizado en los ritos funerarios y con cierta finalidad práctica, hasta adquirir paulatinamente un carácter de homenaje al extinto. Más tarde aparece en el tránsito de reliquias y, por este motivo, en la dedicación de las iglesias. En la Iglesia oriental, y ya con finalidad litúrgica, su uso era bastante generalizado a fines del siglo IV y principios del V. Los testimonios se multiplican y poco a poco su utilización se convierte en cotidiana. También en la Iglesia occidental su empleo se populariza, y en determinadas ocasiones adquiere especial importancia. Los altares son incensados, y también hay incensarios fijos, como el que a finales del siglo VII el papa Sergio mandó disponer en San Pedro.

Hasta las *Ordines Romani* no se tienen detalles fiables acerca de su utilización en el culto litúrgico. En el siglo VII, y posiblemente antes, el incienso se usaba en Roma, en la misa, a la entrada y salida del Papa y cuando el diácono subía al ambón para leer el Evangelio. Pausadamente y en parte por influencia galicana se introduce en otros fragmentos de la misa, hasta el empleo actual, exceptuándose el momento de la consagración, al que tardó bastante en incorporarse. Posteriormente se le utilizó en el oficio divino y en otros actos del culto, y asimismo se generalizan las oraciones para la bendición del incienso, en las que de ordinario se encuentra la idea de que aquél, al consumirse, es un sacrificio ofertado a Dios con la esperanza de recabar y recibir su auxilio. Las oraciones y bendiciones del incienso se desarrollan a partir del siglo X y varían según el origen de los distintos misales y libros litúrgicos.

Química y comercialización del incienso

Entre las especies del género *Boswelia,* que proporcionan el incienso, se señalan la *B. Carterii* Birdwood, la *B. Bahu-Dajiana* Birdwood, y la *B. Papyfera* Rich; da también alguna cantidad la *B. Thurifera* Colebrook. En estas plantas se forma el incienso en conductos secretores, análogos a los que existen en las umbelíferas, las compuestas, etc. La recolección se efectúa en el país de los somalíes de febrero a marzo, encargándose de ella los beduinos, que hacen incisiones en los árboles y arrancan debajo de cada incisión una tira de corteza de unos 12 cm. de longitud; cada mes se hace la cortadura más profunda, hasta que al cuarto, la gomorresina brota límpida y con la debida consistencia, recogiéndose entonces la adherida a los troncos y también por separado la que ha caído al suelo. En Arabia, al parecer, la recolección se efectúa asimismo por incisiones, cuidándose de ello los somalíes, que pagan un tributo por el monopolio.

Se distinguen dos clases comerciales de incienso, llamadas, respectivamente, de la India y de Africa; en realidad sólo se diferencian en su pureza, siendo el primero el que se recoge del árbol y, por tanto, el más puro, mientras que el segundo es recogido del suelo y lleva muchas impurezas. Estas dos clases corresponden a los llamados incienso macho o de primera calidad, e incienso hembra, o de segunda calidad. En verdad parece que el mejor, curiosamente llamado de la India, procede de Africa, de donde va por Aden o directamente a Bombay y de allí a Europa.

El incienso de la India se encuentra en lágrimas sueltas, elipsoideas, piriformes, alargadas o, con menos frecuencia, en masas pequeñas e irregulares formadas por lágrimas reunidas. Tiene color amarillo limón o pardo amarillento pálido, siendo preferido al que presenta un matiz verdoso. Las lágrimas son translúcidas u opalinas, estando recubiertas de un polvillo blanquecino; son frágiles, de fractura cérea lisa, se ablandan entre los dientes y entonces el sabor aromático al principio se torna resinoso y acre. Despide olor suave, a trementina; al quemarse da un humo de olor característico y bien conocido. Este incienso forma con el agua una emulsión en la cual el examen del microscopio no permite observar ninguna substancia cristalizada; la parte insoluble, en el alcohol, tiene reacción ácida. Introduciendo una lágrima de incienso en alcohol de poca concentración, conserva su forma y se vuelve opaco y blanco. El de la India puede ir acompañado de restos de corteza, pero en general, es muy puro.

El de Africa también se da en lágrimas pero éstas son de forma menos regular, de color amarillo sucio o

34

parduzco y a menudo aglomeradas o rotas. Suele ir acompañado de muchas impurezas, esto es, principalmente restos de corteza y de tierra calcárea; es menos translúcido que el incienso de la India y su sabor es menos agradable y más resinoso.

El incienso contiene hasta el 7% de una esencia levogira que consta de levopineno, dipenteno, felandreno y cadineno, cuya densidad a 15° está comprendida entre 0,86 y 0,87. Además se encuentra en el incienso, según Halbey, 33% de ácido boswélico, 33% de olibanorreseno, 20% de goma (arabina), de 6 a 8% de barosina, 3% de substancias inorgánicas y pequeñas cantidades de una substancia amarga soluble en agua. Por fusión con potasa cáustica no produce ningún compuesto de la semiaromática; por destilación seca se forma gran cantidad de pineno. La goma y la resina no están distribuidas en las lágrimas del incienso de modo uniforme; así es que si se rompen después de tratadas con alcohol débil, se ve en ellas una marcada estratificación formada por capas concéntricas.

Además de uso en cultos y ceremonias religiosas –o paganas–, el incienso se emplea en medicina a modo de fumigaciones y forma parte del emplasto confortativo de Vigo, del bálsamo de Fiovaranti, etc.

EL INCIENSO EN LOS DIFERENTES

CULTOS Y APLICACIONES

Entre todos los pueblos de la antigüedad que habían alcanzado cierto grado de civilización, el incienso estuvo presente en el culto público y en el privado, o bien de un modo puramente doméstico para aromatizar el hogar a manera de perfume o como sistema de fumigación. El origen de este rito –convertido en uso y costumbre– parece tener su génesis en las exequias mortuorias que se realizaban en honor de los difuntos. El incienso ofertado a los muertos era considerado como una substancia capaz de mantener en el cadáver el principio vital y asegurar así a los muertos su futura inmortalidad. Luego, cuando los muertos fueron divinizados, la ofrenda de incienso se convirtió en un acto de homenaje en el cual, el humo, gustaba a los dioses, llevando hasta el cielo el alma de los difuntos y las oraciones de los vivos.

El incienso en Egipto

Probablemente la referencia más antigua sobre la utilización del incienso en el culto religioso se encuentra en el texto inscrito en la tumba de Sanchkara, rey de la XI dinastía (hacia 2500 antes de J.C.), que envió una expedición al país de Punt para traer desde allí el incienso.

Los egipcios lo ofertaban solo o con otras clases de ofrendas:

a) La composición del incienso estaba minuciosamente fijada. Cada ingrediente tenía su propiedad mágica. Era ofrecido a todos los dioses y, por lo regular, en cantidades considerables. Ramsés II había ofrecido 1.922.766 piezas de aquel durante los 31 años de su reinado.

b) El incienso, la mirra y otros perfumes eran colocados en el esqueleto de un buey ofrecido a Isis.

Este sistema odorífero tuvo gran aceptación en Egipto durante las exequias mortuorias con que trataba de dignificarse a los difuntos. Se ofrecían, en el transcurso de estos ritos funerarios, cinco granos, dos veces, en la boca, ojos y manos del difunto. Sin embargo no se utilizaba en los procesos de embalsamamiento.

Simbolismo

El humo del incienso llevaba hasta el cielo las preces y oraciones, el alma de los muertos por quienes se ofrecía y su olor apaciguaba la ira de los dioses.

Entre los babilonios

Fue muy extendido el uso de este sistema de aromatización entre los babilonios, que lo utilizaban –al igual que otros pueblos– en el culto a los dioses, oraciones, encantamientos y ritos funerarios. Se empleaba asimismo para odorizar los altares, en la purificación de los habitáculos donde se suponía podían encontrarse los dioses y para perfumar los hogares y la ropa de las personas.

Entre las tribus cananeas

También fue muy extendido entre los miembros de esta etnia el uso del incienso. Se lo ofrecían a Baal, al Sol, a la Luna y a las estrellas. Los libros santos contienen numerosas referencias sobre este culto.

Entre los persas

En los actos de culto protagonizados por los antiguos persas el incienso se ofertaba cinco veces cada día quemándose, normalmente, en cantidades considerables. Herodoto cita que Darío quemaba 300 talentos en el altar. Servía igualmente como sistema purificador y para las fumigaciones.

Entre los griegos

El incienso, en forma de resina, se considera entre los helenos posterior a Homero. Sin embargo, la idea de que el aroma de aquél complacía y agradaba a los dioses, es anterior, por cuya razón se quemaban maderas olorosas. Más tarde se pasó ya a la utilización del incienso propiamente dicho, siguiendo, al parecer, la costumbre romana, y fue introducido con motivo del culto a Afrodita. Se quemaba acompañado indiscriminadamente a los sacrificios cruentos e incruentos. Se espolvoreaba sobre y alrededor del altar mezclándolo con el sacrificio o para reemplazar a la víctima. Era ofrecido en solitario tanto en el culto doméstico como en el público para honrar a Zeus, Demetrio, Hermes, etc., o en rituales de ciertas sectas como la del culto a Orfeo. Solía quemarse sobre braseros situados encima o cerca del altar, y algunas veces en el exterior del templo. También se utilizaban incensarios llevados en la mano.

Los griegos consideraban el incienso como algo muy preciado y precioso que, además de las utilidades que ya hemos consignado, se ofrecía como regalo entre las gentes importantes.

Entre los romanos

El incienso era la ofrenda no cruenta más importante que podía hacerse en la Roma imperial. Sin su empleo o presencia ningún ritual podía considerarse completo. No obstante y como hemos visto en el caso de Grecia, originariamente se quemaban maderas odoríferas. Fue con motivo del culto a Baco que el incienso fue introducido en los rituales romanos. Cuando se trataba de realizar sacrificios cruentos se ofrecía con sangre y se quemaba con el *exta.* Se ofertaba en solitario tanto en rituales públicos como privados o domésticos, quemándose cada día en el *lar familiaris.* Se empleaba, como en otras muchas religiones, en los ritos funerarios y en todas las manifestaciones y ceremonias mágicas.

Entre los budistas

El budismo primitivo prohibía cualquier clase de manifestación o rito externo; no obstante, los ceremoniales fastuosos y multitudinarios no tardaron demasiado en tomar carta de presencia siendo los precursores de la incorporación del incienso que apareció a principios del siglo VII. Según los estudiosos en la materia existen semejanzas básicas en el uso del incienso hecho por parte de budistas y cristianos.

En el culto mahometano

Por lo que se refería a la vertiente oficial de este culto no se contemplaba en ningún momento la presencia del incienso. Pero sí era ofrecido en las tumbas de los santos, en las exequias mortuorias, celebraciones matrimoniales y todo tipo de ceremonias mágicas.

En el nuevo mundo

Sólo destaca la presencia del incienso en el culto de los antiguos mexicanos.

En el culto judío

Los críticos por una parte y los exegetas por otra no se han puesto de acuerdo en ningún momento sobre las circunstancias y fechas en que se produce la aparición del incienso en los rituales hebreos. Algunos de aquéllos pretenden fijar muy tardíamente esa presencia (finales del siglo VII) considerando, incluso, posterior, la consunción del incienso en los altares. Como he comprobado que sucedía en la mayor parte de religiones y cultos, los judíos ofertaban el incienso solo o con otros sacrificios u obligaciones. En el primer caso –solo– no se ofrecía puro sino mezclado con otros tres ingredientes. Unicamente los sacerdotes estaban facultados para la utilización y cuidado de ese perfume, que se reservaba exclusivamente, bajo pena de muerte, para el culto divino. El día en que se festejaba la Expiación, cuando el Sumo Sacerdote penetraba en el *Sancta Sanctorum,* ofrecía el perfume por medio de un incensario agitándolo conforme al ritual, al tiempo que daba vueltas alrededor del altar.

No se podía ofertar incienso –estaba terminantemente prohibido– cuando se trataba de expiar culpas o pedir perdón por las faltas o pecados cometidos. El ofrecimiento de esta corteza aromática estuvo en principio reservada a Aarón, pero de inmediato se facultó también para ello a los demás sacerdotes. Las ceremonias de este ritual de ofrenda estaban escrupulosamente establecidas y la menor infracción era motivo de severos castigos. Se utilizaba el incienso, en su mayor grado de pureza para los dolores de proposición y en dicho culto, el puro, estaba reservado única y exclusivamente a Dios.

El ofrecerlo a otros dioses –paganos, es obvio– se consideraba un signo evidente de idolatría y estaba penado.

Tanto en el Antiguo como en el Nuevo Testamento el incienso quemando era símbolo de plegaria.

El incienso en los ritos funerarios

Los textos más antiguos concernientes al empleo del incienso por parte de los cristianos se remontan a los rituales fúnebres. Aquéllos, siguiendo la práctica que era común a otras confesiones religiosas se servían del incienso, amén de perfumes variados, para embalsamar a sus difuntos o derramarlo alrededor del cadáver, lo que demuestra que no se agregaba más que una significación religiosa a este tipo de prácticas... Sin embargo, hacia finales del siglo IV, como lo demuestra el *Testamento de San Efrén,* el incienso y los perfumes eran considerados como marcas, señales de respeto y de honor hacia el extinto no sólo como simples medidas de utilidad práctica (evitar el mal olor, etc.).

Además, para dejar bien patente el contraste entre la concepción pagana y cristiana con referencia a la muerte, los creyentes de la Cruz dieron a sus exequias funerarias todas las características de una comitiva triunfal, adornándolas de una singular parafernalia a la que contribuían las luces, palmas, los cantos de alegría y, obviamente, el incienso. Es muy probable que fuese a través de los rituales fúnebres que el uso de esta corteza odorífera entrara a formar parte de la cultura cristiana. Tertuliano, repudiando la idea de ofertar los sacrificios de incienso, admite que los discípulos de Cristo lo utilizaban *ad solatia sepulturae;* y en otro de sus textos, afirma: *Thura plane nom emimus; si Arabiae queruntur scient Sabei pluris et charioris suas merces christianis sepeliendis profligari quam diis fumigandis.* Nada indica en estos escritos si el incienso servía únicamente para el embalsamamiento o si se quemaba también como fumigación.

EL INCIENSO EN LA BIBLIA

Estoy segura y convencida de que con lo que el lector lleva leído hasta este momento se ha concienciado sobradamente de la importancia y trascendencia del incienso en la Historia de la Humanidad desde el mismo instante de su aparición en ella.

De todas formas y a través del presente capítulo voy a añadir un nuevo dato que justificará por sí solo la magnitud que ha alcanzado la presencia del incienso en todas las etapas históricas.

Se trata, en resumen, de transcribir los testimonios de su presencia en el libro sagrado de los cristianos. En consecuencia voy a ofrecer seguidamente una cumplida y detallada relación de las citas que se hacen en la Biblia sobre el incienso, tanto de manera directa como indirecta.

Presentaré la susodicha relación separándola conforme a los libros correspondientes y distribuyendo éstos en riguroso orden alfabético.

Estas son, pues, las citas bíblicas que aluden al incienso:

APOCALIPSIS

Capítulo V, versículo 8:

Y cuando lo hubo tomado, los cuatro vivientes y los veinticuatro ancianos cayeron delante del Cordero, teniendo cada uno su cítara y copas de oro llenas de perfumes, que son las oraciones de los santos.

Capítulo VIII, versículos 3 y 4:

Llegó otro ángel y púsose en pie junto al altar con un incensario de oro, y fuéronle dados muchos perfumes para unirlos a las oraciones de todos los santos sobre el altar de oro, que está delante del trono. El humo de los perfumes subió con las oraciones de los santos, de la mano del ángel a la presencia de Dios.

Capítulo XVIII, versículo 13:

...cinamomo y aromas, mirra e incienso, vino, aceite, flor de harina, trigo, bestias de carga, ovejas, caballos y coches, esclavos y almas de hombres.

CANTAR DE LOS CANTARES

Capítulo III, versículo 6:

¿Qué es aquello que sube del desierto como columna de humo, como un vapor de mirra e incienso y de todos los perfumes exquisitos?

Capítulo IV, versículo 6:

Antes de que refresque el día y huyan las sombras iréme al monte de la mirra, al collado del incienso.

ECLESIASTICO

Capítulo L, versículo 9:

Como fuego e incienso en el pebetero, como vaso de oro macizo.

EXODO

Capítulo XXX, versículos 7 y 8:
Aarón quemará en él el incienso; lo quemará todas las mañanas, al preparar las lámparas, y entre dos luces, cuando las ponga en el candelabro. Así se quemará el incienso ante Yavé perpétuamente entre vuestros descendientes.

Capítulo XXX, versículos 34 y 35:
Yavé dijo a Moisés: «Toma aromas: estacte, uña aromática, gálbano e incienso purísimo. Aromas e incienso entrarán por cantidades iguales, y harás con ellos el timiama, compuesto según el arte de la perfumería, salado, puro y santo.

EZEQUIEL

Capítulo VI, versículo 13:
...y reconoceréis que yo soy Yavé cuando yazcan sus muertos junto a sus ídolos, en derredor de sus altares, en todo alto collado y en la cima de todos los montes, bajo todo árbol frondoso y bajo toda encina copuda; allí donde ofrecían perfumes de grato aroma a todos los ídolos.

Capítulo VIII, versículo 11:
Y setenta hombres de los ancianos de la casa de Israel, entre ellos Jezonías, hijo de Safán, estaban en pie ante ellos, cada uno con su incensario en la mano, de los que subía una nube de incienso.

ISAIAS

Capítulo XLIII, versículo 23:

No me ofreciste ovejas en holocausto, no me honraste con tus sacrificios; yo no te he abrumado con ofrendas ni te importuné con el incienso.

Capítulo LX, versículo 6:

Te cubrirán muchedumbres de camellos, de dromedarios de Madián y de Efa. Todos vienen de Saba, trayendo oro e incienso, pregonando las glorias de Yavé.

Capítulo LXVI, versículo 3:

Hay quien sacrifica un buey y mata un hombre, quien inmola un cordero y desnuca un perro, quien presenta en ofrenda sangre de puerco, quien quema incienso y se postra ante un ídolo.

JEREMIAS

Capítulo VI, versículo 20:

¿A mí qué el incienso de Saba y las cañas aromáticas de tierras lejanas? Vuestros holocaustos no me son gratos, vuestros sacrificios no me deleitan.

Capítulo XVII, versículo 26:

Y de las ciudades de Judá y de los contornos de Jerusalén, de la tierra de Benjamín, del llano, de la montaña y del mediodía, vendrán con holocaustos, víctimas, oblaciones, incienso, y traerán ofrendas de acción de gracias a la casa de Yavé.

LEVITICO

Capítulo II, versículos 15 y 16:

...y derramarás aceite sobre ella, y pondrás encima incienso. Es minjá. *De ella quemará el sacerdote la memoria, una parte de la pasta con aceite y todo el incienso. Es combustión de Yavé.*

Capítulo V, versículo 11:
Si tampoco pudiera ofrecer dos tórtolas o dos pichones, llevará en ofrenda por su pecado un décimo de efá *de flor de harina, como ofrenda por su pecado; no pondrá en ella ni aceite ni incienso, porque es ofrenda por el pecado.*

LUCAS

Capítulo I, versículos 8, 9 y 10:
Sucedió, pues, que ejerciendo él sus funciones sacerdotales delante de Dios según el orden de su turno, conforme al uso del servicio divino, le tocó entrar en el santuario del Señor para ofrecerle incienso, y toda la muchedumbre del pueblo estaba orando fuera durante la hora de la oblación del incienso.

I MACABEOS

Capítulo I, versículo 58:
... ofrecieron incienso a las puertas de las casas y en las calles...

Capítulo IV, versículos 49 y 50:
... hicieron nuevos vasos sagrados e introdujeron el candelabro, el altar de los perfumes y la mesa del templo. Quemaron incienso en el altar, encendieron las lámparas del candelabro que lucieron en el templo...

NUMEROS

Capítulo V, versículo 15:
... *la llevará el sacerdote, y ofrecerá por ella una oblación de la décima parte de un* efá *de harina de cebada, sin derramar aceite sobre ella ni poner encima incienso, porque es* minjá *de celos, minjá de memoria para traer el pecado a la memoria.*

Capítulo XVI, versículo 17:
Tomad cada uno un incensario y poner en él el incienso, y llegaos a Yavé cada uno con su incensario, doscientos cincuenta incensarios; tú también y Aarón, con su incensario cada uno.

I PARALIPOMENOS

Capítulo VI, versículo 49:
Aarón y sus hijos eran los que ofrecían los sacrificios en el altar de los holocaustos y el incienso en el altar de los perfumes, cumpliendo estos servicios en el lugar santísimo y haciendo la expiación de Israel, según cuanto había mandado Moisés, siervo del Señor.

Capítulo IX, versículo 29:
Otros cuidaban de todos los utensilios del santuario, sobre la harina de flor, el vino, el aceite, el incienso y los aromas.

RITUALES MÁGICOS
CON VELAS

Pasare acto seguido a ofrecer la escenografía que debe practicarse a la hora de realizar rituales mágicos con velas (según los colores), pero antes quiero recordar una vez más a riesgo de resultar reiterativa —pero lo considero de suma importancia— que los futuros operadores deberán atender con puntual meticulosidad los consejos que preceden, teniendo presentes asimismo las lecturas admonitorias que se desprenden de las respuestas ofrecidas a lo largo de la entrevista incluida en el prólogo de esta obra.

Resumiendo: Un ritual mágico —de la índole que sea— no contempla por parte del realizador una actitud indiferente, ajena, y mucho menos un talante convencional, átono, como el empleado en las cuestiones de rutina, en algunas facetas de nuestro devenir consuetudinario... Este ritual, al margen de los elementos indispensables, precisa de la concentración absoluta, del fervor místico, de la vehemencia espiritual y, digámoslo de nuevo, ¡de la FE!

Ahora, ya, veamos cómo debe operarse con las velas.

VELA NARANJA

Representa al Sol en la Tierra y se utilizará para trabajar todos los aspectos del astro más brillante de nuestro sistema planetario.

Dichos aspectos pueden resumirse en el hecho de agradecer todos los favores que nos otorgan u otorgarán por la magnanimidad de nuestro Padre y Creador.

Puede encenderse para solicitar paz, tranquilidad y en demanda de auxilio económico o financiero, así como para pedir la protección en largos desplazamientos, la armonía conyugal, reafirmar la actividad creativa, el éxito en las nuevas empresas que vamos a emprender y, desde una perspectiva místico-esotérica, para ser receptores de *luz* con que sustentar nuestro poder psíquico-espiritual.

Color – El naranja es el componente básico de la gama cromática del Sol, como puede observarse a simple vista, con ayuda de aparatos auxiliares o a través de fotografías. Representa la *llave* de la curación en Cromoterapia merced a su actividad vitalizadora y regenerativa. Pese a que el naranja es un tono de fertilidad acusadamente varonil no por ello deja de tener efectos benefactores sobre la hembra, dotándola de una energía que va más allá de la tradicional pseudodebilidad de su sexo. Vistas así las cosas puedo asegurar que se trata de un magnífico anabolizante para los dos sexos del mundo racional. En definitiva, la tonalidad naranja es representante incuestionable de la familia en la más armónica de sus vertientes.

Día – Esta vela es de uso exclusivo para los domingos si se apetecen perfectas obtenciones. Este día, tradicionalmente festivo en la mayoría de latitudes y longitudes, y del Señor en las comunidades cristianas, es el idóneo para solicitar la *luz* que ilumine nuestro sendero existencial y para agradecer los favores y la vida otorgados por su impulso creativo.

Hora – La más idónea para prender la vela naranja en su día dominical es la primera después que el Sol se inicie en el horizonte, por ser el momento en que el Astro Rey adquiere, en su tono, una mayor convergencia con la *luz* y color de aquella.

Planeta – Obviamente el Sol, que es para una gran mayoría de civilizaciones el Dios Creador y, en muchas mitologías, aposento de dioses. Representa, como ya he apuntado al principio, la fuerza motriz que engendra vida, *luz,* y color.

Signo astrológico – Leo, que es el intermedio de la trinidad *maternal,* el segundo de la triplicidad de

VELA NARANJA

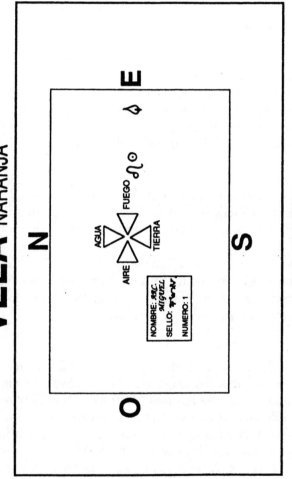

N

E

FUEGO ♌☉

AGUA

AIRE

TIERRA

NOMBRE: *SAC.*
MIGUEL
SELLO: *꙳ᒧᐧᑊ*
NUMERO: 1

O

S

ALTAR

fuego y segundo también de los signos *fijos*. En consecuencia puede decirse de él que encierra el punto equidistante del espectro zodiacal y contiene la esencia de todos los demás. Representa la firmeza, la capacidad, el dominio de las emociones, la nobleza y los más excelsos ideales. Su naturaleza interior o *destino* es la *armonía*.

Arcángel – San Miguel, que prende con su espada flamígera la *luz* de la vela naranja. Es la jerarquía divina que ha de protegernos en el desenvolvimiento del ritual y por eso es necesario invocar su anuencia antes de iniciarlo.

Sello – Lógicamente el del Arcángel Miguel, el cual deberá escribirse en un papel virgen de tonalidad naranja a ser posible y con tinta del mismo color.

Piedra – El Diamante, aunque también puede utilizarse el Ambar pues posee asimismo la fuerza necesaria para vivificar el ritual.

Flor – La Rosa, el Lirio, o las dos al mismo tiempo. Son el simbolismo ígneo de la madre natura e inherentes a la vela naranja. Representan el estado crítico del ente creado que es aquél en que el hombre descubre en consciencia sus planos astral y psíquico-físico. La Rosa debe ser roja (valoración masculina) y el Lirio blanco (valoración femenina).

Planta – Las plantas –que se corresponden con el

elemento Tierra– que se relacionan con la vela naranja son la Manzanilla y el Romero. Pueden incinerarse o estar presentes en el Altar en su condición natural.

Chacra – El Plexo Solar, que se sitúa dentro del cuerpo humano a la altura del esternón, es el centro físico devocional y purificador que se relaciona estrechamente con la vela de tonalidad naranja. En consecuencia y al procederse al ritual, el pensamiento debe hacinarse hacia ese punto.

Arbol – Lo mismo que la planta, se correlaciona con el elemento Tierra. Los idóneos son la Palmera y el Cerezo y de cualquiera de ellos puede utilizarse indiscriminadamente la parte que se prefiera, desde la propia raíz hasta los frutos.

Metal – Indiscutiblemente el Oro, sirviendo con idéntico poder ya una moneda, un anillo, o cualquier objeto elaborado en su totalidad con ese metal precioso. No podemos olvidar la vieja pretensión alquimista de transmutar los metales viles en Oro, lo que nos da una idea del valor, no sólo intrínseco, sino también extrínseco, de este elemento que, siguiendo con el teorema alquímico es la conjugación y génesis de todos los metales. Es eléctrico y transporta directamente la *Luz Divina*.

Número – El Uno que simboliza la unificación y la síntesis y en consecuencia el reflejo aritmético y geométrico del Creador. Lo mismo que el nombre y sello del Arcángel, este número debe caligrafiarse sobre papel blanco (a estrenar) con tinta anaranjada.

Manto – Ya he hecho mención específica sobre este punto en la regla o artículo V (apartado de puntualizaciones), reiterando ahora que lo ideal es que esté confeccionado con algodón, seda natural o hilo, de color naranja (en este caso).

Incienso – También me he referido en su momento a la trascendental significación del incienso y lo importante de su presencia en todo tipo de rituales de los que no hay por qué exceptuar el de las velas. Ha quedado dicho que purifica el ambiente, aleja las influencias negativas o perniciosas y es del grado de aquellas fuerzas supremas a las que vamos a invocar. Establece asimismo el clima adecuado etérico para el traslado de los mensajes y esencias divinas. Acorde con la vela naranja es el incienso con fragancia de Rosas.

Posición – En el grabado que ilustra el ritual de la vela naranja determino la debida ubicación de todos los elementos que lo componen, si bien adelanto que la susodicha vela debe situarse en el flanco del Altar que mire a Oriente.

Súplica – *Padre de la Creación, en el nombre de tu Hijo el Arcángel Miguel, te suplico* (se recita la gracia o favor pretendido) ... *Gracias, bendito por siempre Tu nombre. Así sea.*

Fisiología – La vela naranja es un anabolizante del organismo en general pero obra sus efectos benefactores de manera específica sobre el corazón, espina dorsal, duodeno, ojos, bazo y es un estimulante de la fertilidad a través del sistema endocrino que regula el proceso de la líbido.

Ritual – Visto lo expuesto desde el principio por lo que se refiere al trabajo con la vela naranja y habiéndose establecido este baremo de indispensabilidades, cabe decir ahora que el *modus operandi* es hasta cierto punto patrimonio *sui géneris* del oficiante. Si se siguen escrupulosamente las normas establecidas con anterioridad, puede dejarse al libre albedrío de quien va a escenificar el ritual los detalles restantes.

VELA BLANCA

Es la que debe utilizarse para cuanto tenga relación con cualquier faceta lunar ya que es la representante de la madre Luna en nuestro planeta. Las facetas apuntadas se refieren primordialmente al hecho concreto de fomentar la imaginación potenciando asimismo el aspecto creativo y la fertilidad. También se contemplan sus efectos benefactores en los cortos desplazamientos, travesías marítimas y apoyo a los hijos durante la etapa preliminar de su vida. Asimismo incentiva el desenvolvimiento clarividente de la psiquis, da soporte a las relaciones familiares y emotivas y favorece las mudanzas y cambios hogareños. Esta vela tiene como principal significado la pulcritud, pureza y armonía domésticas.

Color – El blanco es básico en la gama cromática de la Luna como podemos observar en las noches en que nuestro satélite se encuentra en fase plena. Obviamente es el tono representativo de la pureza, simbolizando la génesis de los elementos concurrentes en la feminidad. No obstante tiene incidencias en la idiosincrasia varonil haciendo del

61

hombre un protagonista extrovertido, creativo y fértil.

Día – El lunes es el indicado para la utilización de la vela blanca si deseamos que su poder se manifieste con total magnitud. Como ya he apuntado en uno de los apartados precedentes, este color puede sustituir a cualquier otro en el caso de que en su momento carezcamos del indicado. El lunes, inicio de la semana, puede significar novedad, cambios y movimiento y es también un día que representa lo consuetudinario, lo reiterativo y en otras épocas se aprovechaba para pedir perdón por las faltas cometidas. Es el día más indicado para solicitar auxilios que favorezcan a los componentes de nuestro entorno familiar.

Hora – La idónea para protagonizar un ritual con vela blanca es la segunda tras la aparición del Sol, que puede estipularse en las nueve de la mañana, aunque se puede operar asimismo en horas meridionales, media noche o medio día. Aconsejo no efectuar rituales cuando el satélite se halle en pleni o novilunio. Si las súplicas que se pretenden tienen inminente vigencia deberá actuarse con la Luna en cuarto creciente; y en caso contrario cuando se encuentre en aspecto menguante.

Planeta – Sin discusión, la Luna, arquetipo de la fuerza receptiva, transmisora y todo aquello susceptible de ser engendrado. Desde una perspectiva simbólica puede decirse que es la Virgen que

VELA BLANCA

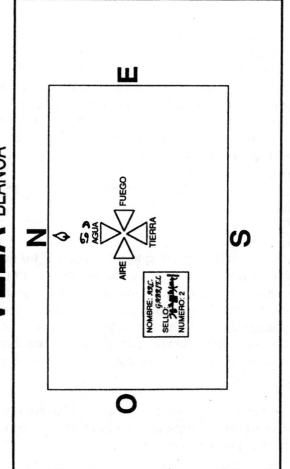

ALTAR

intercede ante el Creador y su Hijo para salvaguarda de la Humanidad. La Luna, además, es el planeta más cercano a nosotros y el que mayor influencia tiene sobre las facetas mundanas físicas, terrenales y materiales.

Signo astrológico – Cáncer, que es el que da comienzo a la trinidad *maternal,* el primero de los signos de *agua* y segundo de los *cardinales.* Es uno de los más sensibles del Zodiaco y siendo el primero de la triplicidad *maternal* rige el hogar y los asuntos domésticos, en los cuales los sentimientos desempeñan un papel preponderante. Representa la economía, la previsión, la tendencia al ahorro y el orden general en todas las facetas de la vida. La naturaleza interior o *destino* de este signo es el *poder.*

Arcángel – San Gabriel, que intercede en pro de sus protegidos. Debe anotarse su nombre en un papiro blanco, nuevo, con tinta de color gris-perla, o en un papel gris-perla con tinta blanca. El nos protegerá en el desenvolvimiento de nuestro ritual con vela blanca y es oportuno solicitar su aquiescencia antes de iniciarlo.

Sello – Obviamente el del Arcángel Gabriel que, lo mismo que el nombre, deberá inscribirse en idénticas condiciones que aquél.

Piedra – La Perla, joya elaborada podríamos decir de una forma exquisitamente natural, con toda la materia orgánica calcificada que procede de las profundidades marinas. En el ritual cobra la simbólica fuerza transmutadora y purificadora de los elementos invocados.

Flor – Puede utilizarse cualquiera de las genéticamente acuosas, pero parece ser que la Rosa Blanca es la más idónea, por que encarna la bondad, pureza, abnegación, y en definitiva todas aquellas virtudes excelsas que de manera tradicional se atribuyen a la hembra.

Perfume – Los nenúfares, que crecen en las aguas de los ríos. Quien se disponga a protagonizar el ritual deberá frotarse ambas manos con unas gotas de ese perfume.

Planta – Las mejor relacionadas con la vela blanca son el Acanto, la Lechuga y la Col, siendo de mayor utilidad si se colocan sobre el Altar dentro de un recipiente con agua.

Chacra – La Glándula Pineal, situada exactamente en el centro de la cabeza, aposentada encima del esfenoides. Simboliza el equilibrio psico-físico de nuestro organismo por cuya razón, al escenificar el rito, el pensamiento deberá centrarse en esta parte del cuerpo.

Arbol – El Avellano, representante del elemento Tierra. De él podemos servirnos bien de las ramas, hojas, raíces, corteza o frutos.

Metal – La Plata (argenta), evidencia más intensa y magnética de la madre Luna. Su magnetismo, atrae, convirtiéndose en transmisor-receptor de los beneficios de la *Luz Divina*.

Numero – El dos. Simbolismo de la dualidad, antagonismo de los opuestos y el equilibrio que se forma entre ellos. Escenifica el entendimiento que brota de la Sabiduría del Uno. Lo mismo que el nombre y sello del Arcángel se escribirá en papel blanco con tinta gris, o viceversa.

Manto – Deberá ser con preferencia de color blanco y tejido con los elementos ya señalados con anterioridad.

Incienso – El aroma indicado para este ritual es de Lilas o Violetas.

Posición – Como de costumbre la detallo en la lámina correspondiente, pero aún así, se advierte que la vela blanca debe situarse en la parte del Altar que mira al Norte.

Súplica – *Madre Celestial, en el nombre de tu Hijo el Arcángel Gabriel te suplico* (formúlese la demanda) ... *Gracias, bendito por siempre Tu Nombre. Así sea.*

Fisiología – La vela blanca tiene poder para purificar el organismo en general, aunque sus efectos benefactores se circunscriben especialmente al estómago, sistema linfático, entramado neurovegetativo y el parasimpático. Asimismo favorece los partos y el embarazo, la lactancia, reglas periódicas de la mujer, glándulas mamarias y la producción orgánica del calcio.

Ritual – Véase lo que he apuntado al respecto en el mismo epígrafe referido a la vela naranja. A lo que, en este caso concreto, agrego los siguiente: Para que el resultado deseado tenga máxima efectividad y se prolongue el mayor espacio de tiempo posible, será necesario que el ritual se efectúe durante nueve lunes consecutivos (recordando, lo he advertido antes, que esos días no coincidan con pleni o novilunio).

VELA ROJA

Está íntimamente vinculada a todos los conceptos de la varonilidad material y física del ente creado. Simboliza los albores de la especie humana en nuestro carrusel mundano y es la más indicada para potenciar la autoridad, la virilidad, la juventud y todos los impulsos creadores que propongamos poner en práctica. Su manto protector se evidencia librándonos de accidentes sobre todo de los que puedan afectar a la cabeza, también de las cortaduras, de los incendios y del ataque de las fieras carnívoras. Su ayuda es eficaz cuando se pide auxilio para salir con bien de una intervención quirúrgica o evitarla, protegiéndonos asimismo de los envenenamientos e intoxicaciones.

Color – Se corresponde obviamente con el de la sangre que circula por nuestras venas y encierra una extraña morbosidad que lo hace a la vez fascinante y agresivo. Es básico en las composiciones cromáticas ya que, en simbiosis con el azul y amarillo, es fuente creadora de los demás colores. Es caliente, brutal y masculino, revitalizador, potente y varonil. Hace a la hembra muy estricta pero también agradosa.

Día – La vela roja debe usarse los martes, día en el que se manifiesta en todo su auge y esplendor otorgando mayor protección y fuerza. Es este un día de luchas en el que se encuentra el equilibrio armónico por medio de los conflictos y los asaltos cotidianos. En él se desenvuelven en toda su magnitud la vitalidad, la acción, la energía, los anhelos de conquista y el valor. En este día es indicado solicitar templanza y serenidad a fin de que la vehemencia y la irreflexión no interfieran en nuestra misión pacificadora y espiritual.

Hora – La más indicada suele ser la tercera una vez el Sol ha aparecido mayestático sobre el horizonte, hora que puede quedar establecida en las once, aunque también puede utilizarse a las ocho de la tarde. Su mayor potencia la alcanza en Primavera (me estoy refiriendo a la vela roja, al margen de los horarios establecidos).

Planeta – Marte es el que se correlaciona con la vela de que estamos tratando, si bien Plutón puede coadyuvar a que sus influencias alcancen un mayor apogeo. Marte simboliza las batallas que el hombre protagonizará antes de que se encuentre de nuevo a sí mismo, como delante de un espejo, en el umbral de la muerte. Es también la fortaleza y el vigor, la personalidad externa de los humanos, y su influjo nos empuja a construir, destruir, y reconstruir de nuevo sobre lo derruido, emulando al ave fénix al renacer sobre sus propias cenizas. Es planeta de fuego y tradicionalmente el cuarto a partir del Sol.

VELA ROJA

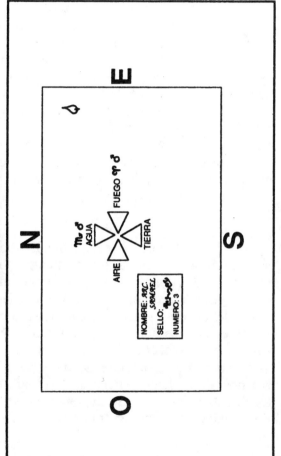

N

E

O

S

FUEGO ♈ ♂

♌ ♂
AGUA

AIRE

TIERRA

NOMBRE: SEC. SAMAEL

SELLO:

NUMERO: 3

ALTAR

Signo astrológico – Los que corresponden a la vela roja son Aries y Escorpión. Aries es el primero de la triplicidad de *fuego* y de la cruz *cardinal.* La conciencia que constituye la caracteriología de este signo se expresa siempre a través de la cabeza, el cual confiere dosis elevadas de idealismo y un concepto de la vida mucho más espiritual que práctico: la verdadera misión de Aries es inspirar y conducir, otorgando dones didácticos y proféticos. La cualidad interior o *destino* de este signo es la *verdad.* Por lo que respecta a Escorpión puedo decir que es el tercero de los signos *fijos* y el segundo de la triplicidad de *agua* y de la trinidad *reproductora.* Simboliza la decisión y en su diccionario no caben las palabras duda, vacilación, ni debilidad. Destaca por su exacto criterio, lucidez y sentido imparcial. Su naturaleza interior o *destino* es la *regeneración.*

Arcángel – Samael, que posee cualidades positivas muy interesantes pero, al mismo tiempo y de forma un tanto antinómica, también tiene una parcela negativa puesto que a él se atribuye la paternidad del horror y el pánico, bajo los cuales nunca deberemos someternos. No obstante, Samael cuidará de protegernos en nuestro ritual con la vela roja. Como es de precepto, antes de iniciar la escenografía mágica deberemos invocar su conformidad. Hemos de escribir su nombre en un papel blanco (virgen) con tinta roja.

Sello – Lógicamente el del Arcángel Samael que, como su nombre, deberemos inscribir en caracteres rojos.

Piedra – El Granate, que simboliza la génesis energética que lleva inherente la circulación de nuestro fluido vital, y al que se le otorgan propiedades y estímulos afrodisíacos pues se le vincula con el Fuego de la Kundalini. El Granate cuenta como componentes básicos con el Aluminio y el Magnesio.

Flor – El Clavel Rojo cuya aparente docilidad manifiesta sorprendente contradicción con la fortaleza de los demás elementos de la vela roja. Aún así, su penetrante fragancia, belleza y resistencia, le hacen insustituible en este ritual.

Perfume – No cabe la menor duda: el del Clavel.

Planta – Cualquiera que contenga espinas o cuyo sabor sea irritante.

Chacra – El que se encuentra a la altura de la zona renal o Bazo y el que corresponde al aparato sexo-reproductor que se halla en las inmediaciones de los órganos sexuales. Cuando efectuamos el rito nuestro pensamiento debe circunscribirse a ambos puntos.

Arbol – El Ciruelo, representando al elemento Tierra. Puede utilizarse cualquiera de sus partes.

Metal – El Hierro, que encima del Altar podrá ser

representado por un clavo o una pequeña lámina de este metal, intrínsecamente relacionado con el planeta Marte.

Número – El Tres, que corresponde en sí a la Trinidad misma: *alma, mente* y *cuerpo.* Lo mismo que el nombre y sello del Arcángel, este número deberá anotarse con tinta roja.

Manto – Con los elementos o tejidos que ya he indicado en los rituales precedentes y de color rojo.

Incienso – Utilizaremos el que desprenda aromas de clavel.

Posición – Como siempre me refiero a ello en la lámina que se corresponde con el Altar de la vela roja, pero advirtiendo de antemano que aquélla debe estar situada en la parte Nordeste.

Súplica – *Padre Celestial, en el Nombre de tu Hijo, el Arcángel Samael te suplico* (formúlese el ruego)... *Gracias, bendito por siempre tu Nombre. Así sea.*

Fisiología – Esta vela concede virilidad y fortaleza, protegiendo de manera específica cabeza y rostro, aparato genito-urinario, y también las glándulas suprarrenales. Tiene poder vasodilatador activando la circulación de la sangre y las secreciones biliares y hepáticas. Protege asimismo de las accio-

74

nes violentas en contra de nuestros allegados, evita accidentes, envenenamientos y auxilia en los procesos quirúrgicos.

Ritual – Con los elementos de trabajo adecuados, que acabo de indicar, el resto del trabajo queda al libre albedrío del operador. Sólo dos matizaciones importantes: Primero, si la gracia que se suplica es con vistas al futuro, debe efectuarse el suplicatorio durante nueve martes consecutivos; Segundo, en el supuesto que el deseo o necesidad sean imperativos, puede recurrirse al desarrollo del ritual durante tres días seguidos, a la hora de Marte y partiendo siempre del Martes.

VELA AMARILLA

Está estrechamente vinculada con los efluvios mentales del ente creado y con la expresión material (física) de los mismos. Simboliza el comercio, el orden, el razonamiento, el exacto criterio, el sentido común y la lógica. Nos concede una gran capacidad de maniobra, autonomía, estimula la actividad y permite moldear y realizar nuestros pensamientos. Su gama es amplísima protegiéndonos en multitud de áreas ya que, por sí misma, representa el desenvolvimiento consuetudinario y la diáspora. Se la recomienda de manera muy específica para reforzar nuestros intereses en transacciones comerciales de cualquier orden.

Color – El amarillo es otro de los básicos en la gama cromática y se utiliza preferentemente para resaltar y pulimentar el resto de tonalidades. Por su espléndida y sin igual representación de la luz y la alegría, convida al solaz y saborear con deleite todo cuanto nos rodea haciendo que lo veamos desde una perspectiva maravillosa. Su incidencia es igual sobre uno y otro sexo, haciéndolos más sensatos a ambos y también más reposados.

Día – El Miércoles, ya que en tal día su tono y vibraciones alcanzarán con mayor intensidad al oficiante. Se le tiene por un día eminentemente comercial y en algunos lugares, incluso, como ideal para formalizar matrimonios.

Hora – Dada la incesante actividad de esta vela diré que es factible utilizarla a cualquier hora pese a que, la considerada idónea, corresponde a la cuarta (fijada en las doce de nuestro horario habitual) tras la aparición del Rey del firmamento.

Planeta – Mercurio es el que se corresponde con la vela amarilla y el que, después de Sol y Luna, se mueve en nuestro estrellato con mayor velocidad. En la antigüedad, los alquimistas profesaban una devoción rayana en el fanatismo a Mercurio, por considerar que era el que más se asemejaba en esencia al flujo solar o Elixir de la Vida. Se le conoce como el planeta de la *razón* y el equilibrio, dado que potencia el conocimiento humano ordenadamente. Es electromagnético, transmisor-receptor, encargándose de inculcarnos el conocimiento de la *llama divina de los Dioses*.

Signo astrológico – Quienes prestan su colaboración a la vela amarilla son Géminis y Virgo. El de los Gemelos es el primer signo de la triplicidad de *aire* y también el número uno de los *mutables*. De cualidad ambivalente (porque es dual, ¡qué duda cabe!) se adapta con rapidez al medio ambiente desenvolviéndose con éxito en las áreas íntimas y profesionales. Es extremadamente sensi-

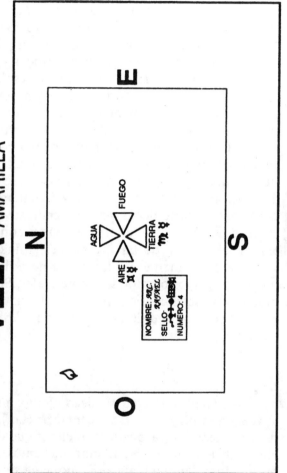

VELA AMARILLA

N

E

O

S

ALTAR

FUEGO

AGUA

TIERRA ♏ ☿

AIRE ♓ ☿

NOMBRE: *ARC. RAFAEL*

SELLO:

NUMERO: 4

ble y, por paradójico que parezca, posee una enorme capacidad para racionalizar analíticamente sus emociones y sensaciones. Manifiesta a su vez una excelente capacidad orgánica, ingenio, mente inspirada y progresismo. Su naturaleza interior o *destino*, es la *motivación*. En cuanto a Virgo, segundo de la triplicidad de la *tierra*, segundo también de los *mutables* y tercero de la trinidad *maternal*, podemos decir que es uno de los más complejos, (si no el que más), críticos y analíticos, que conforman el astrológico despliegue del Zodíaco. Con estilo sorprendente y hasta desconcertante baraja de manera equitativa introversión y extroversión, lo que lleva a suponer que es anacoreta consigo mismo y participativo con los demás. Simboliza el perfeccionismo a ultranza, su estampa engaña por lo dictatorial ya que tiene desconcertantes facetas cariñosas y caritativas, estando buena parte de su tiempo pendiente de su entorno. Estricto en el ahorro se mueve con cautela en el mundo de las inversiones y finanzas, siendo excesivamente prudente a la hora de emprender negocios o empresas comerciales. Su rectitud es rayana con la intransigencia. La naturaleza interior o *destino* de este signo es la *discriminación*.

Arcángel – Rafael, que con su fuego eterno, prende la vela amarilla y nos lleva a contactar con las influencias astrales, razonándonos el por qué de sus efectos benefactores. Su nombre debemos escribirlo en una lámina blanca que no haya sido utilizada para otro menester, con caracteres amarillos.

Sello – El del Arcángel Rafael, naturalmente. Que· como sucede con su nombre debe ser anotado en papel blanco con tinta amarilla.

Piedra – El Agata es la que mejor expresa lo energético de la vela amarilla, estando compuesta por cristales de cuarzo. Es, asimismo, la plasmación mineralizada de los efectos protectores mercuriales sobre el entrecejo del ser humano puesto que refulge de continuo en parecida tonalidad a los fuegos cósmicos, auxiliándonos en nuestro trabajo a admitir y profundizar en el sacrificio que nos ha de conducir a prestar auxilio a la humanidad.

Flor – La Rosa Amarilla, que encierra en sí misma los dones de la comprensión y el conocimiento.

Perfume – El aconsejado para refrescar nuestras manos antes del inicio del ritual es el de Sándalo.

Planta – Para coadyuvar en el trabajo que desarrollaremos con la vela amarilla son las plantas más indicadas el Espliego y la Valeriana, porque los efectos sedantes de ambas estimulan la concentración psíquica.

Chacra – El Cuarto, o Glándula del Timo, que se ubica entre la clavícula y hombro izquierdo y posee unos efluvios energético-cardíacos, manteniendo dentro del hombre el conocimiento de los esotérico y científico. Al iniciar el ritual nuestro pensamiento deberá centrarse en esa parte de la anatomía.

Arbol – El Manzano, y especialmente el productor de la variedad llamada *Golden*. Destaco la importancia bíblica del manzano, ese árbol de la Ciencia del Bien y del Mal, con cuyo fruto la serpiente indujo a pecar a Eva y ésta, a Adán. Podría decir que a través de *él,* los hombres tuvieron conocimiento de las buenas y malas acciones. Puede utilizarse cualquier parte de ese árbol para la realización del rito.

Metal – El Mercurio, es obvio, que reúne una serie de particularidades morfológicas, susceptibles de mutaciones y que guarda la esencia comunicadora de la vela amarilla. Un termómetro puede aceptarse como representación en el Altar donde nos dispongamos a hacer el trabajo espiritual.

Número – El Cuatro, llave mágica que transmuta lo procedente del espíritu en efecto físico. Este número simboliza lo habitual, los anhelos y la materia, reconociéndosele la capacidad de aunar en su estructura tanto los cuatro Elementos como la Trinidad Espiritual. Lo mismo que el nombre y sello del Arcángel, deberá escribirse en tinta amarilla.

Manto – Amarillo, es lógico, y elaborado con uno

82

de los tejidos que he venido indicando en ocasiones precedentes.

Incienso – El que despida aroma de Sándalo.

Posición – La vela amarilla deberá situarse en la parte Nordeste del Altar, tal como se puede observar en el gráfico correspondiente.

Súplica – *Padre Celestial, en el nombre de tu Hijo el Arcángel Rafael, te suplico* (recítese la gracia que se desea)... *Gracias, bendito por siempre tu Nombre.*

Fisiología – La vela amarilla potencia nuestra capacidad activa, de movimiento y maniobra. Su protección se extiende de manera especial a los pulmones, bronquios, sistema cerebral y sus ramificaciones nerviosas y al aparato respiratorio. También reciben sus efectos benefactores la lengua, manos, oídos e intestinos. Asimismo las influencias de esta vela se conectan con la agilidad mental, elocuencia y la habilidad de escuchar y leer entre líneas, captando esos fugaces flashes subliminales que sólo con ayuda de poderes superiores alcanzan a vislumbrar los ojos y la mente humana. No podemos olvidarnos de que sus poderes alcanzan a protegernos de enfermedades psicosomáticas, permitiendo al consultante emerger de su introversión para saciarse en novedosos manantiales de cultura y conocimientos.

Ritual – **Repetiré** una vez más que, el suplicante, con los elementos de trabajo que se le aportan, puede iniciar el rito aplicando a él sus propias características personales. Aconsejo, eso sí, que si la gracia que se solicita no es factible de obtener *con premura,* se prolongue el ritual durante nueve miércoles consecutivos. Si la necesidad fuera perentórea –pero no accesible al instante–debe trabajarse cuatro días seguidos empezando siempre en miércoles.

VELA PURPURA

Por su tonalidad de connotaciones místicas esta vela tiene una incidencia específica en el entramado espiritual del ente creado al que concede gran estoicidad, proyectándole también al desarrollo de sus cualidades volitivas expansionándolas hacia finalidades muy concretas. Simboliza el cénit de la actividad docente por lo que a contraerla se refiere al igual que los litigios judiciales y cuanto se relacione con la magistratura jurídica y la autoridad establecida. Esta vela se convierte en un inestimable auxiliar a la hora de decidir una prolongación de nuestros estudios allende fronteras, ya que es portadora de la flama misionera y, no obstante sus relaciones con lo material, se halla siempre en los umbrales del Espíritu. Se la puede considerar asimismo llama iniciática y no la hay de mayor o menor que no deba pasar por el ámbito de sus poderes. Nos alumbrará en el crecimiento de nuestras empresas y en el deseo expansionista (dentro de la moralidad y lo legal), sin olvidar jamás la perspectiva del espíritu.

Color – El púrpura, *sine qua non.* Que es la tonalidad cromática del espectro áurico que nos da acceso a entrar en contacto con las Fuerzas Superiores. Es un color litúrgico por excelencia siempre presente en las celebraciones religiosas (en especial las católicas), por lo que puede calificársele de color de la *Fe*. Es magnético y tiene propiedades similares a las del imán (por su cualidad atrayente), invitándonos a la meditación profunda, la paz y el sosiego.

Día – El Jueves, en el que se hace posible la renovación y rejuvenecimiento espirituales. La generosidad, el buen hacer, las disposiciones magnánimas, el talante cordial y abierto, la comunicación con los demás y la jovialidad, alientan los corazones humanos en este día. Cualquier acción judicial verá sus resultados atenuados si se celebra en este día de la semana.

Hora – La más indicada es la que coincide con la quinta (las catorce de nuestro sistema horario) tras la aparición del Sol. Dos horas después concluye el período de sus efectos benefactores.

Planeta – Júpiter, el más grande de nuestro sistema planetario, después del Astro Rey, que representa la deidad terrestre más próxima a nosotros como queda constancia de ello en la mayoría de mitologías. En él están presentes como frutos de su fértil imperio la sabiduría, el buen criterio, la generosidad, grandeza del alma y el gobierno de los humanos.

VELA PURPURA

N

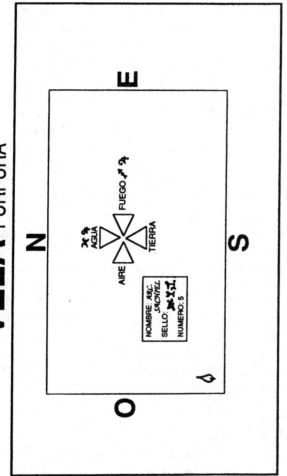

AGUA

FUEGO

AIRE

TIERRA

NOMBRE: *ARC. SACHIEL*
SELLO:
NUMERO: 5

E

O

S

ALTAR

Signos astrológicos – Sagitario y Piscis. Aquél es el signo del Arquero presto siempre a disparar la flecha que, según es tradicional, da sin remisión en el blanco. Este símbolo transmite una idea de libertad y de grandes anhelos por alcanzar lo más elevado. Sagitario es el último de los de la triplicidad de *fuego* y de la trinidad *reproductora,* y el tercero de los signos *mutables.* Representa, en consecuencia, la simbiosis entre las cualidades de la cabeza y el corazón, lanzadas hacia lo alto, hacia el apogeo epicéntrico de todas las cosas. Alienta a profetas y videntes, otorga confianza y dependencia de uno mismo y hace que se mire al futuro con una disposición brillante y feliz, con talante esperanzador y confiado en lo que ha de venir. La naturaleza interior o *destino* de este signo es la *ley.* Piscis, por su parte, es el último signo de los *mutables* y de *agua,* como también el postrero de la trinidad *servidora.* Simboliza lo cambiante e imaginativo, la fantasía, los mundos que deben descubrirse, la parte entre mística y material que envuelve todo aquello que nos es desconocido. Habla también de pureza y magnetismo desde una perspectiva de prevención pues existen ciertas tendencias a asimilar con excesiva facilidad los efluvios nocivos. También es una de sus principales características la hospitalidad. La naturaleza interior o *destino* de este signo es el *espiritualismo.*

Arcángel – Sachiel, que absorbe la incandescencia espiritual dimanante de la vela púrpura. Otorga a los humanos el don de la profecía. Su nombre debe anotarse en un papel sin usar con tinta del mismo color que la vela.

Sello – El del Arcángel Sachiel que, lo mismo que su nombre, se escribirá con tinta púrpura.

Piedra – La Turquesa, que corresponde a los místicos y a cuantos persiguen la consolidación de los bienes espirituales. También se la conoce por sus propiedades como benéfico talismán curativo y receptor de fortuna.

Flor – El Jazmín, que esconde entre su aroma la pasión, valores vocacionales místicos, el ardor y la fortaleza espiritual.

Perfume – Por las razones apuntadas en el epígrafe anterior, el de Jazmín.

Planta – La Esparraguera y el Diente de León son las indicadas para operar con la vela púrpura. Las dos tienen efectos tonificantes, favorecen los procesos hormonales que se activan en el cuadro hepático y el urogenital.

Chacra – El sexto o Glándula Pituitaria, encargado de abrir nuestra *tercera retina,* que nos permite contactar con experiencias y procesos sensitivos que les son negados a las aptitudes normales del resto de nuestros sentidos. Se ubica exactamente en el entrecejo, punto en el que se deben concentrar los pensamientos al iniciar el rito.

Arbol – La Higuera, del que podremos servirnos de cualquiera de sus partes. Este árbol tiene unas extraordinarias dotes de supervivencia ya que es capaz de subsistir en los lugares más inverosímiles.

Metal – El Estaño, llamado de la fusión, que simboliza el cordón umbilical astral, de donde proceden los *alimentos* que activan nuestras áreas física, psíquica y espiritual. Una mínima porción de hilo de estaño es suficiente como representatividad del mismo en el Altar donde celebremos el rito.

Número – El Cinco, dígito mágico del hombre. Representa al Pentáculo o estrella de cinco vértices que se utiliza con frecuencia en los sellos mágicos y cabalísticos. El Cinco simboliza en perfecta y complementaria simbiosis lo humano y lo divino, al Logos (espíritu de la Tierra), pues nuestra raza es la Aria (Quinta). Lo mismo que el nombre del Arcángel y el Sello, este número deberá escribirse con tinta púrpura.

Manto – Fabricado con los elementos ya establecidos en las ocasiones precedentes y, es obvio, de tonalidad púrpura.

Incienso – El aroma de Jazmín es el idóneo para dotar el ritual del misticismo que el color requiere.

90

Posición – La vela deberá situarse al Suroeste del Altar. El grabado lo indica con mayor claridad.

Súplica – *Padre Celestial, en el nombre de tu Hijo el Arcángel Sachiel, te suplico* (dígase la gracia a obtener)... *Gracias, bendito por siempre tu Nombre. Así sea.*

Fisiología – Esta vela fomenta el desarrollo de nuestro organismo ayudándole a madurar y expansionarse. Su protección se extiende sobre la zona hepática, páncreas, y a las excreciones endocrinas vinculadas al metabolismo. Asimismo cuida del riego sanguíneo y su depuración, actuando como preventivo contra cualquier proceso infeccioso. Otra área importante de auxilio de la vela púrpura se refiere a su poder en los estados de rehabilitación a causa de las drogodependencias, alcoholismo, depresiones, estados de ansiedad y a los caracteres hipocondríacos susceptibles de caer en el abuso de fármacos que conlleva el clásico síndrome de abstinencia.

Ritual – Como en los anteriores, disponiendo ya de los elementos básicos, se confía en el buen criterio del consultante. Si la petición quiere hacerse extensiva a un largo período de tiempo, es recomendable efectuar el ritual durante nueve jueves consecutivos. De existir inmediata necesidad, actúese cinco días seguidos, iniciando la labor espiritual en jueves a la hora de Júpiter.

VELA AZUL CELESTE O ROSA

Ambas van estrechamente unidas al plano emotivo del hombre... Amor, sexo, amistad, afecto y toda relación que pueda circunscribirse al segmento de unidad dual (hacer uno de dos a través de lazos afectivos). Como en todo juego que intervienen los sentimientos humanos no siempre la unión y la convergencia son los factores dominantes, hemos de contemplar que estas velas, al lado de las reacciones positivas, también pueden de algún modo simbolizar las negativas: rupturas, celos, pasiones, olvido, desinterés, apatía, desidia..., aunque siempre con la esperanza de que servirán, al fin, para ese magnífico capítulo de las reconciliaciones en que se olvidan los motivos divergentes para vivir en exclusiva la maravillosa faceta de la unidad. La Azul celeste y la Rosa potencian asimismo sensualidad y sexualidad dado que son poseedoras de estímulos afrodisíacos y sus luces, protagonizan la belleza, la estética y la armonía.

Color – El Azul celeste es varonil por antonomasia pero se relaciona en mayor intensidad con la fibra mental que con la física. El Rosa es simbolis-

93

mo de fraternidad, amor propio, vanidad y mimetismo, siendo de características eminentemente femeninas. La suavidad que posee enciende la ternura y los sentimientos nobles, tendiendo a suavizar la agresividad innata en los humanos pues frena la violencia y los impulsos irreflexivos y vehementes. En consecuencia puedo decir que el Rosa se atribuye a la parte pasiva y a la necesidad física de atraer, en tanto que del Azul dimana el estallido activo de la conquista.

Día – Ambas dejan sentir sus efluvios benefactores en su máximo esplendor el Viernes, jornada en que Cupido y sus flechas junto con Afrodita y sus insinuaciones se mueven con mayor libertad. Es, además, un día dedicado al amor y a quienes lo protagonizan: los que se aman.

Hora – La Sexta luego de aparecer el Sol, que se traduce en las dieciséis de nuestro crono cotidiano.

Planeta – Venus... ¿Quién, si no? En él se encuentran implícitos el amor y la amistad. Posee energía magnética para la atracción y eléctrica para alimentar los sueños de conquista y unidad. Todo lo aúna y sensualiza equilibrando nuestros sentimientos en el fiel de la imaginaria balanza emotiva. El bendice las uniones y sociedades tanto por lo que respecta al mundo del comercio como al del corazón.

Signo Astrológico – Tauro y Libra son los indica-

VELA AZUL ó ROSA

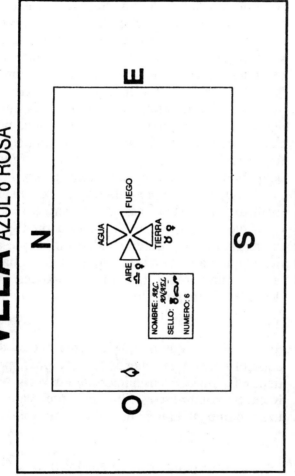

N

O

E

S

FUEGO

AGUA

AIRE ♌ ♀

TIERRA ♉ ♀

NOMBRE: SUC. RAFAEL
SELLO: ♂ ☊
NUMERO: 6

ALTAR

dos. El Toro es el primero de la triplicidad de *Tierra* y el primero de los signos *fijos*. En él se esconden la voluntad y el deseo, siendo la solidez una de sus principales características. Su paciencia es numantina y está acorde con la perseverancia que derrocha y su concepto fanático del materialismo. La fuerza de voluntad de que hace gala es casi increíble como increíble es, en ocasiones, su obstinación. Siempre empieza lo que termina y nunca se embarca en nuevas aventuras sin haber puesto punto final a las anteriores. Fomenta los valores psíquicos y en especial la *médiumnidad*. La cualidad interior o *destino* de Tauro es la *obediencia*. Libra, por su parte, signo de la balanza, el igualitario del Zodíaco, es el segundo de la triplicidad del *aire* y el último de los *cardinales*, ocupando el puesto de cabeza en la trinidad *reproductora*. Es el representante por excelencia de lo justo y armónico, casi de lo perfecto, condición que comparte con Virgo. Está predispuesto desde siempre a lo cordial y al afecto, expresando mejor que nadie la faceta venusina de su naturaleza, lo que le proyecta a una cortesía casi versallesca. El *destino* interior de Libra es el *equilibrio*.

Arcángel – Anael, que prende la llama que establece equilibrio entre las fuerzas antagónicas, permitiendo fusionar y sensualizarse a las velas Azul y Rosa. Su nombre se escribirá en papel blanco utilizando uno cualquiera de los dos colores.

Sello – El correspondiente al Arcángel Anael que, como su nombre, debe escribirse en papel virgen con tinta rosa o azul celeste.

Piedra – El Lapislázuli, que se compone de silicatos de aluminio y sodio, conteniendo diminutas partículas de pirita que abrillantan su coloración. Extrínsecamente es una piedra maravillosa, atractiva y refulgente y, si bien la tonalidad dominante es el azul oscuro, también destella en rosa y azul celeste. El Lapislázuli es el instrumento que nos permitirá atraer el rocío del amor divino y espiritual a nuestro corazón, en tanto estemos protagonizando el rito con las velas Rosa y Azul celeste.

Flor – Pasión y amor están presentes, fusionados, en los pétalos de la Lila. Esta flor simboliza la necesidad que tienen todos los humanos de amar y ser amados.

Perfume – No puede ser otro que el de las Lilas.

Planta – Espinacas y Berros, que son vitalizadoras por antonomasia. Bueno es saber que bajo su aparente presencia afable se ocultan fuertes radiaciones afrodisíacas, si se las consume sin condimentar (en frío).

Chacra – El Quinto o Fundamental, centro laríngeo o glándula tiroidea, que vibra al acelerado compás de las radiaciones venusinas que se desprenden al consumirse las velas azul celeste y rosa. Este Chacra potencia el verbo y la fluidez oral que encandila al ser amado al tiempo que abre nuestros oídos a la palabra del amor. Se localiza a la altura de la laringe, punto al que debe ser enfocada la concentración del operador mientras escenifica el ritual.

Metal – El Cobre, que goza de mayor capacidad conductora, receptora y transmisora, que cualquier otro metal, encontrándose siempre en connivencia con los deseos del hombre. Se trata de un metal noble, maleable y consistente, facultado para captar y transmitir cualquier mensaje. Un hilo de cobre será suficiente para representarlo en el Altar.

Número – El Seis, representante de la estrella de tal número de puntas, que se bifurca a partir de los senderos de la belleza y la armonía, bien hacia el macro o el microcosmos. Lo mismo que el nombre y sello del Arcángel, debe de escribirse en tinta azul celeste o rosa.

Manto – Conocidas las indicaciones pertinentes con respecto a la calidad del mismo, baste añadir, como es obvio, que deberá tejerse en colores rosa o azul celeste.

Incienso – Es lógico que corresponda el que da aroma de Lilas.

Posición – Véase como es preceptivo el gráfico, sabiendo de antemano que la vela debe estar situada al Oeste.

Súplica − *Padre Celestial, en el nombre de Tu Hijo el Arcángel Anael, te suplico* (recitar la petición)... *Gracias, bendito por siempre tu Nombre.*

Fisiología − Ambas velas, como puede deducirse de lo reseñado hasta aquí, son esencialmente sensitivas, sensuales y románticas. Pero al margen de esta cuestión placentera, protegen nuestro organismo en los enclaves que detallamos: laringe, garganta, faringe, tiroides, lengua, cuerdas vocales, paladar, trompa de Eustaquio, cerebelo, cervicales y nuca. Asimismo extienden su acción benefactora sobre el tacto, el metabolismo, el entramado sensitivo, cabellos, aparato genital de la hembra, región lumbar y armonizan el equilibrio que debe imperar entre las relaciones orgánicas. Evitan, también, por su conducta aséptica, los procesos infecciosos y, por último, su uso se aconseja para prevenir las depresiones, estado de angustia vital, cuadros de ansiedad, irritaciones e histerias, cuando éstas son producto o consecuencia de fracasos sentimentales, desengaños amorosos o decepciones causadas por la pareja.

Ritual − Como he venido repitiendo desde el inicio de este apartado referido a los rituales con velas, ya en poder del operador los elementos imprescindibles, el resto correrá de su cargo dejando que imperen la ética, el espíritu, el amor, y cuantas virtudes excelsas son de conveniencia en un rito de este estilo. Una particularidad, eso sí: procúrese prolongar el de la vela rosa o azul celeste durante nueve viernes consecutivos o durante seis días seguidos a la hora de Venus y dependiendo siempre de la necesidad o urgencia de la súplica o gracia que se pretende.

VELA VERDE OSCURO

Ninguna otra tan conectada a la realidad del mundo en que nos desenvolvemos, a las angustias y dificultades, a las penas y alegrías, a los éxitos y los fracasos, a la lucha cotidiana a la que debemos enfrentarnos diariamente, lucha a veces sin cuartel en la que, como apuntaba al principio de esta obra, se nos exige salir invictos, victoriosos, vencedores. Esta vela, pues, deberíamos enarbolarla como arquetipo de la materia; mejor dicho, de lo material. Quizás pueda pensarse tras estas palabras en una connotación negativa del *verde oscuro* mas, realmente, ello no es del todo cierto, porque también simboliza la circunspección, la perseverancia, el sentido de la responsabilidad, lo trascendente y profundo del pensamiento, la actividad y los actos que protagonizamos, y así hasta un largo etcétera que se refiere mejor a cualidades positivas, a esas cualidades que a los humanos, a veces, les cuesta descubrir. Esta vela, asimismo, es capaz de proporcionarnos la auténtica fortuna sin exigirnos a cambio una renuncia a lo espiritual. Las ambiciones loables y toda modalidad laboral que exija sacrificio y meticulosidad se rigen bajo los auspicios protectores de la *vela verde oscuro*.

Color – El verde oscuro corresponde a la tonalidad cromática por excelencia que se manifiesta en la Naturaleza; o sea, es el color de la Creación Material. Como definición antonomásica puede decirse asimismo que es aquél que simboliza la esperanza, ya sea la de los logros terrenos o, trasladada al ámbito espiritual, la de alcanzar la presencia del Sumo Hacedor por merecimientos propios. Pero, por tratarse de un color de manifestaciones tan humanas o terrenas, posee matices negativos (lo apuntaba en la introducción precedente), como lo es el orgullo, la envidia, las bajas pasiones, la voluptuosidad, la concupiscencia, los celos desmesurados, la agresividad, el instinto pérfido de perjudicar física o psíquicamente a los demás, y otra vez un largo etcétera. No quisiera silenciar el hecho de que el color verde oscuro pueda equivaler en determinadas circunstancias al castigo de Dios; dicho de otra forma; puede ser el acceso al infierno o la entrada al cielo.

Día – El Sábado, jornada que según ciertos oráculos debe ser guardada como festiva en honor a Dios, con la esperanza de recibir a cambio el perdón y la misericordia del Altísimo. Este día, como festividad religiosa, ha sido alterado por diferentes confesiones, calificándolo como propicio para manifestaciones brujeriles y de magia negra, por lo cual la festividad ortodoxa se trasladaba al día siguiente, domingo, estableciendo así una especie de diferencia entre el bien y el mal o viceversa.

Hora – La séptima tras la presencia del Astro regente (dieciocho en nuestro horario habitual) es la

VELA VERDE OSCURA

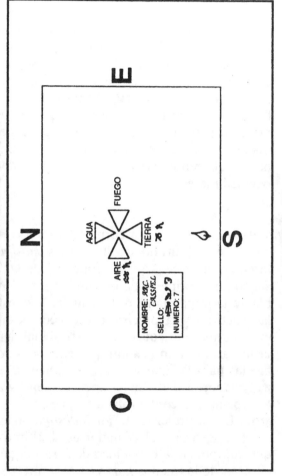

N

O

E

S

AIRE

AGUA

FUEGO

TIERRA

NOMBRE: R.C.
CASSIEL
SELLO:
NUMERO: 7

ALTAR

Hora idónea para protagonizar el rito de la vela verde oscura.

Planeta – Saturno. Que destaca en el firmamento por los anillos que le rodean y siendo menor que Júpiter, es más sólido y pesado que éste. Simboliza las jerarquías arcaicas y se le da el nombre de Progenitor del Tiempo, hecho que le concede una cualidad inherente de senilidad. Sin embargo ello no es exacto, pues tiene capacidad para responsabilizarse del vanguardismo y de las más sofisticadas e innovadoras técnicas que surgen con meteórica frecuencia. En líneas generales este planeta es representativo de lo bueno y malo que hay en el hombre (virtudes y defectos) y de su capacidad material.

Signo astrológico – Capricornio y Acuario. Capricornio es el último de los signos *cardinales* y también el que cierra la triplicidad de la *Tierra*, así como el primero de la trinidad *servidora*. Habla de la imparcialidad, la justicia, la constancia, la exactitud y la precisión, proyectando al éxito en las tareas agrícolas, la investigación científica, la literatura y, en general, protege todas aquellas facetas para las que se necesite paciencia, entereza y laboriosidad. Su estandarte tiene grabadas tres palabras: contemplación, paciencia y reflexión. La naturaleza interior o *destino* de este signo es el *servicio*. El Aguador es el último de los que componen la triplicidad de *Aire*, el que cierra la terna de los signos *fijos* y es el centro de la trinidad *servidora*. Su calidad humana al igual que la deductiva y filosófica son incontrovertibles.

Está facultado para establecer notables razonamientos intelectuales sobre la condición del hombre al margen de la crítica y la severidad, aunque tampoco con excesiva tolerancia. El triunfo es su enseña en aquellos campos abonados a la dedicación del intelecto y concentración del pensamiento, destacando su faceta artística, literaria, musical y la inventiva que en ocasiones le lleva a revolucionar el convencionalismo conservador de una Humanidad que se resiste a, sus digamos genialidades. Es honesto, constante, discriminativo e inteligente. Su naturaleza interior o *destino* es, precisamente, la *humanidad.*

Arcángel – Cassiel, de extraña dualidad en la que convergen, por un lado, dulzura y misericordia, y por otro, cruel severidad. Lo mismo puede conducirnos a la *luz* que a las *tinieblas.* Su nombre debe anotarse en un papel no utilizado anteriormente, con tinta verde oscura.

Sello – El del Arcángel Cassiel que, como el nombre de éste, se escribirá con tonalidad verde oscura.

Piedra – El Azabache, que esconde la Llama Divina la cual se expande tras un arduo proceso evolutivo y un largo proceso de pulimento. Nos ayudará en el ritual a mantenernos firmes sobre la tierra sin que por ello se nos oculten los destellos de la *Luz Divina* que cada uno de nosotros guarda en su interior.

Flor – La Amapola..., lindísima e inmortalizada por el hombre en una popular canción. Simboliza la confianza que los humanos depositan en sí mismos a la hora de emprender sus empresas o de caminar por la existencia, sorteando el obstáculo de las tentaciones que surjan en el arduo sendero que –según adagio hindú–conduce a la salvación.

Perfume – El del Opium, que tras ungir con él las manos del operador, permite a éste recibir los efluvios etéricos de la vela destruyendo así el ostracismo que es inherente a ella.

Planta – La Hiedra, que se aferra como es su más destacada característica a lo sólido y material pero, eso sí, con la finalidad de acercarse lo máximo que pueda al Sol. Es, consecuentemente, tenaz, ambiciosa, irreductible, dispuesta a cubrir con sus ramas cualquier entramado y por eso está aconsejada para reforzar el rito con la vela verde oscuro.

Chacra – Son diversos los que conectan con la vela de la que estamos tratando, por lo que puede afirmarse que es la síntesis del abecedario (principio y fin, A y Z) de los Chacras Fundamentales. De cualquier forma, no obstante pirámide humana, lo mismo que la Hiedra dirige sus aspiraciones hacia el Sol, cuando se efectúe el ritual con la vela verde oscuro.

Arbol – Cualquiera de los que pueblan la faz de la

tierra podría ser útil en este ritual, pero me inclino por aconsejar el Olivo, en función de su nobleza y longevidad.

Metal – El Plomo, que es quien mayor protección nos ofrece contra cualquier destello maligno dado que su peculiar estructura rechaza toda influencia negativa permitiendo, sólo, el acceso al interior de los efluvios benefactores. Un trocito de él será suficiente para representarlo en el Altar.

Número – El Siete, mágico por excelencia. Llave que abre todas las puertas por lo cual, bueno será que sepamos con antelación, qué misterios deseamos desvelar. Como el sello y el nombre del Arcángel, deberá escribirse con tinta verde oscuro.

Manto – Del color que corresponde y confeccionado con alguno de los tejidos que he venido recomendando.

Incienso – El que despide fragancia de Opium.

Posición – Véase el grabado como es preceptivo si bien apunto que la vela en cuestión debe situarse al Sur.

Súplica – *Padre Celestial, en el nombre de Tu Hijo el Arcángel Cassiel, te suplico* (pronúnciese el rogatorio)... *Gracias, bendito por siempre tu Nombre. Así sea.*

Fisiología – La vela verde oscuro prestará su auxilio en nuestros momentos débiles ayudándonos a eludir las tentaciones, triunfar sobre la materia y sortear cuantos obstáculos broten en el devenir cotidiano que no es otro que el camino de la existencia por el que avanzamos en pos de la eternidad. En el aspecto físico cuidará del buen funcionamiento de estas partes de nuestra anatomía: piel, estructura ósea, dentadura, bazo, hipófisis, neuronas y cualquier parte del organismo que corra mayores riesgos de agresión a causa de su extrema fragilidad. Protege también de las caídas, traumatismos óseos, fracturas, anemia y de la atonía muscular y mental, previniendo la presencia de dolencias geriátricas como la arterioesclerosis coronaria y cerebral, el Parkinson, demencia senil, y otras enfermedades propias de la tercera edad. Por último extiende su manto protector sobre nosotros para evitar agresiones nucleares (fugas de gas tóxico, etc.), atentados, explosiones intencionadas o casuales, al tiempo que cura la esterilidad psicosomática e intercede para que no se produzcan los abortos naturales. Esta vela tiene su mayor incidencia en procurar que los últimos años del hombre sean felices y lúcidos, porque su más importante simbolismo es la longevidad.

Ritual – Reiterar una vez más, y ésta es la última, que con los auxilios indispensables e ineludibles que he apuntado para trabajar con la vela verde oscuro, los detalles restantes se dejan al buen criterio y albedrío del oficiante. Se recomienda, eso sí, un ritual prolongado por nueve sábados consecutivos (a la hora de Saturno) para que la gracia o el favor que se solicita se produzca con la máxima intensidad y un más largo período de duración. No obstante, si las exigencias abogan por un efecto lo más inmediato posible, debe desarrollarse el rito durante siete días consecutivos (una semana), iniciándolo siempre en Sábado.

EL IDIOMA
OCULTO DE LAS VELAS

La vela posee su propio significado, y teniendo en cuenta la forma de su llama, el tamaño, los movimientos y su color, expresa lo siguiente:

A

ABANDONO: La llama arde con debilidad y frecuentemente se apaga.

ABATIMIENTO: Es baja y en ocasiones llora.

ACEPTAR: La llama es nítida y crece.

ACERTAR: Es limpia y aumenta de tamaño.

AGREDIR: La flama chisporrotea y a veces desprende humo oscuro.

AMBICION: La llama dobla su tamaño. Si se trata de un anhelo sano es nítida.

AMBIVALENCIA: Baja y oscilante.

AMISTAD: El fuego prende bien. Es claro y se agranda si ese sentimiento va a ser duradero.

AMOR: La llama coge sin problemas al primer intento. Será nítida y ascenderá con fuerza si se va a ser correspondido.

ANGUSTIA: La vela llora, desprende humo oscuro o puede chisporrotear.

APROBAR: La flama es clara y crece en sentido ascendente.

AUMENTAR: El fuego dobla su tamaño, siendo nítido y muy brillante.

AUTORIZAR: Es nítida y crece.

AVARICIA: La llama chisporrotea, se consume rápidamente y en la punta de la mecha se acumulan unas bolitas de grasa. A veces el fuego da vueltas en forma de espiral.

AYUDAR: Arde nítida y aumenta su tamaño.

B

BEBIDA: La vela llora, se extingue rápidamente y su llama puede llegar a desprender chispas o humo.

BENEFICIO: La flama es limpia y se desarrolla.

BODA: Prende sin problemas, dobla su tamaño nítidamente e incluso se llega a observar un tono más brillante en la punta.

BONDAD: La llama es clara y crece. En el centro adquiere una coloración azulada.

C

CAMBIO: El fuego es nítido y aumenta de tamaño si la transformación es positiva.

CASAR: Véase BODA.

CESAR: La llama es baja y hasta puede apagarse.

COMPRAR: Es clara, limpia, y crece cuando anuncia una buena adquisición.

CONFIRMAR: La flama es resplandeciente y doblará su dimensión rápidamente.

CONSEGUIR: Es nítida y se desarrolla si el asunto va a lograrse.

CONSERVAR: El fuego es claro y no debe apagarse ni menguar.

COOPERAR: Véase AYUDA.

CURAR: La llama es limpia, prende a la primera y crecerá.

D

DEMORAR: Arde con debilidad, llegando incluso a disminuir de tamaño.

DESCONFIAR: Puede chisporrotear, llorar o desprender humo. En ocasiones, se moverá en forma de espiral.

DESEAR: Véase AMBICION.

DESEMBOLSO: La vela llorará o desprenderá chispas.

DESISTIR: Véase CESAR.

DESTACAR: El cirio arde nítidamente y las dimensiones de la llama aumentarán en sentido ascendente.

DISMINUIR: La llama mengua su tamaño. Si ocurriera que se apaga, significa que habrá pérdidas importantes.

DOLOR: La vela llora, desprende humo oscuro o chisporrotea.

DUPLICAR: Véase AUMENTAR.

E

EMBARAZO: La llama dobla su tamaño y adquiere una tonalidad más brillante.

EMPEZAR: Es nítida y va aumentando de volumen.

ENAMORAR: Véase AMOR.

ENCONTRAR: El fuego es limpio, claro, y crece en sentido ascendente.

ENGAÑAR: Desprende humo oscuro, da vueltas en espiral, chisporrotea y en ocasiones se apaga.

ENFERMEDAD: Véase DOLOR.

ESPERAR: Véase DEMORA.

EXAMEN: Cuando augura suerte, la llama crece brillante.

EXITO: La flama dobla su volumen, es nítida y en el extremo de la mecha se vislumbra una tonalidad más resplandeciente.

EXTRAVIAR: Desprende humo negro, disminuye su tamaño y por lo general se apaga.

F

FAMA: La llama aumenta sus dimensiones y es diáfana.

FAVOR: Crece nítidamente.

FELICIDAD: El fuego dobla su magnitud y el final de la mecha adquiere un tono más brillante.

FERTILIDAD: Véase EMBARAZO.

FIAR: La flama se desarrolla con claridad.

FINANCIAR: Crece nítida.

FINGIR: El fuego desprende humo oscuro, chisporrotea, e incluso se apaga.

FRENAR: Véase CESAR.

114

G

GALARDON: La llama se desarrolla nítida.
GASTAR: Véase DESEMBOLSO.
GOZAR: Véase FELICIDAD.

H

HALLAR: Véase ENCONTRAR.
HERENCIA: La flama prenderá al primer intento, crecerá nítida y doblará su tamaño.
HERIDA: Véase DOLOR.
HIJOS: Véase EMBARAZO.

I

IDILIO: Véase AMOR.
INDECISION: La llama arde con debilidad y oscila.
INDEMNIZACION: El fuego crece nítidamente.
INDIFERENCIA: La flama quema excesivamente baja y en ocasiones se apaga.
INDISCRECION: Desprende humo negro o chisporrotea.
INEFICACIA: Arde lánguidamente y a veces se extingue.
INFECCION: Véase DOLOR.
INFERTILIDAD: Puede no prender a la primera, quema excesivamente baja y con frecuencia se apaga.

INFIDELIDAD: La vela llora, chisporrotea o de ella se desprende humo negro.

INFORTUNIO: El cirio llora, suelta humo negro o chispas.

INICIAR: Véase EMPEZAR.

INSOLVENCIA: La llama arde débil y a menudo se apaga.

J

JUICIO: Crece nítidamente cuando anuncia resultados felices.

L

LADRON: La llama desprende chispas, humo negro o se mueve formando una espiral.

LAMENTAR: La vela llora y arde con debilidad.

LEGADO: Véase HERENCIA.

LEGALIZAR: El fuego aumenta de tamaño nítidamente.

LIBERAR: La llama crece con claridad.

LIBERTINAJE: Chisporrotea, desprende humo negro o acumula en la mecha unas bolitas de grasa.

LOCURA: La vela llora o chisporrotea.

LOGRAR: Véase CONSEGUIR.

LONGEVIDAD: El fuego dobla su tamaño y es nítido.

LOTERIA: La llama aumenta de volumen en sentido ascendente de forma muy rápida.

LUCHA: Chisporrotea.

LUTO: El extremo de la mecha acumula grasa. La vela se extingue anunciando la muerte cercana. También puede llorar o desprender humo negro.

M

MADRE: Véase EMBARAZO.
MALDAD: La llama chisporrotea, suelta humo oscuro y oscila.
MALGASTAR: La vela llora.
MATRIMONIO: Véase BODA.
MEJORAR: Véase AUMENTAR.
MELANCOLIA: El cirio llora.
MENDIGAR: La llama quema con debilidad y en ocasiones se apaga.
MENTIR: La llama echa chispas o desprende humo oscuro.
MERECER: El fuego dobla sus dimensiones. Es nítido.
MILLONARIO: Véase LOTERIA.
MORALIDAD: Crece rápidamente.
MOTIN: La llama chisporrotea o emana humo oscuro.
MUDAR: Véase CAMBIO.
MUTILAR: La vela llora y con mucha frecuencia se extingue.

N

NACER: La flama aumenta nítidamente.

NEGAR: Arde con debilidad y también oscila.

NEGOCIAR: Crece el tamaño de la llama cuando augura buenos tratos.

NOVIOS: Véase AMOR y BODA.

O

OBEDECER: La llama crece clara y limpia.

OCULTAR: Véase ENGAÑAR.

ODIAR: Desprende chispas y humo negro.

OPOSICION: El fuego arde muy bajo y a menudo se apaga.

P

PACIENCIA: La flama quema nítida pero no aumenta de tamaño.

PACTAR: Véase NEGOCIAR.

PAGAR: Véase DESEMBOLSO.

PALIZA: La llama echa chispas o desprende humo negro, mientras que la vela llora.

PARALISIS: El fuego se apaga o se acumula grasa en el extremo de la mecha.

PAREJA: Véase AMOR y BODA.

PARIR: Véase EMBARAZO.

PARTIR: La llama arde nítida y cuando crece augura un buen desplazamiento.

PAVOR: Desprende humo negro o chisporrotea.

PEGAR: Véase PALIZA.

PELIGRO: La llama chisporrotea, el cirio llora o desprende humo negro e incluso puede extinguirse.

PENURIA: Arde con debilidad y en ocasiones se apaga.

PERDER: Véase EXTRAVIAR.

PERDONAR: La llama es nítida y aumenta de dimensión.

PERDURAR: Véase CONSERVAR.

PERECER: El extremo de la mecha acumula grasa. La vela se apaga o llora.

PEREZA: La llama quema excesivamente baja.

PERJUDICAR: El fuego desprende humo oscuro o chisporrotea.

PLEITO: Véase JUICIO.

POSPONER: Véase DEMORAR.

PREOCUPACION: Véase DESCONFIANZA.

PRECIPITAR: La llama echa chispas.

PREMIAR: Véase EXITO.

PREÑEZ: Véase EMBARAZO.

PRESIDIO: La flama suelta humo negro. La vela llora y puede llegar a apagarse.

R

REANUDAR: Crece nítidamente.

RECAER: El fuego mengua. La vela llora.

RECONCILIAR: La llama aumenta nítidamente en sentido ascendente.

RECUPERAR: Véase ENCONTRAR.

RECHAZAR: Prende con debilidad y oscila.

REMEDIAR: Crece limpia, clara.

REÑIR: La vela chisporrotea, desprende humo negro o se extingue.

RESIGNARSE: La llama quema con escasa fuerza.

RESOLVER: Crece diáfanamente.

RETROCEDER: Véase CESAR.
RIESGO: Véase PELIGRO.
RIVAL: El fuego chisporrotea o desprende humo negro.
ROBAR: Véase LADRON.
ROMANCE: Véase AMOR.
ROMPER: Véase REÑIR.

S

SACRIFICAR: La llama arde con debilidad y a veces la vela llora.
SALUD: Nítida y va aumentando de tamaño.
SANAR: Véase CURAR.
SANGRAR: El cirio llora.
SECRETO: La flama quema muy baja.
SOBREPONERSE: El fuego crece paulatinamente. Es diáfano.
SOLEDAD: La llama es débil y a menudo llora la vela.
SOSPECHAR: Véase DESCONFIAR.
SUFRIR: Véase DOLOR.
SUICIDIO: La vela llora y se apaga.
SUSPENDER: Véase CESAR.

T

TACAÑO: Véase AVARICIA.
TRABAJO: La llama asciende nítidamente, si va a lograrse el empleo.

TRAGEDIA: Se mueve en forma de espiral, chisporrotea, desprende humo y puede llegar a apagarse.

TRAICION: El fuego es débil y echa chispas o suelta humo negro. En ocasiones el cirio llora y se extingue.

TRASLADO: Véase CAMBIO.

TRISTEZA: Véase MELANCOLIA.

TRIUNFAR: Véase EXITO.

TUMOR: La flama permite ver en la punta de la mecha un cúmulo de grasa.

U

UNION: Véase BODA.

USURPAR: La llama mengua y a veces se apaga.

V

VAGO: Véase PEREZA.

VALOR: El fuego aumenta de tamaño es muy brillante.

VENCER: Véase EXITO.

VENDER: La llama es nítida cuando significa que la operación será beneficiosa.

VENGAR: Desprende humo oscuro y chisporrotea.

VIAJAR: Es clara y diáfana, desarrollando sus dimensiones cuando augura un buen recorrido.

VICIO: La flama desprende humo oscuro o chisporrotea.

VIAJAR: Es clara y diáfana, desarrollando sus dimensiones cuando augura un buen recorrido.

VICIO: La flama desprende humo oscuro o chisporro-
tea.
VIRGEN: La llama es clara y limpia. La vela llora.
VIUDA: Véase LUTO.
VOLVER: Véase REANUDAR.

EPILOGO

Antes de poner punto final, recordar a los lectores la importancia que tiene y el peso específico que desarrolla en favor nuestro el que, a la hora de realizar los rituales con velas, nos entreguemos a tan noble tarea en cuerpo y alma, con *fe y devoción*, con el absoluto convencimiento de que nuestros ruegos y súplicas serán escuchados por las fuerzas que invocamos, ya en el propio beneficio o en el de terceros.

Aquello de que... *la fe mueve montañas*, no tiene porque ser una excepción en este caso concreto.

Algo fundamental que no quiero obviar en este colofón es el hecho incuestionable –inviolable me atrevería a decir– de que nuestras súplicas e invocaciones deben estar encaminadas siempre, SIEMPRE, hacia el bien, hacia los logros positivos, hacia la grandeza de miras y los más elevados ideales; en una frase: hacia el *Creador*.

Como despedida y para orientación de todos aquellos que no estén familiarizados con el *trabajo* de las velas, que ignoren la simbología, gráficos y atributos de los elementos que concurren en aquél, inserto en la página que sigue un cuadro sinóptico que sin duda les servirá de referencia y guía.

CUADRO SINÓPTICO

ELEMENTO	SIGNO-SÍMBOLO		PLANETA-SÍMBOLO		NÚMERO	COLOR	DÍA	HORA	ARCÁNGEL	SELLO	USO (*)
FUEGO	ARIES	♈	MARTE	♂	3	ROJO	MARTES	11 a.m.	SAMAEL		S y A
FUEGO	LEO	♌	SOL	☉	1	NARANJA	DOMINGO	6 a.m.	MIGUEL		S-D-A
FUEGO	SAGITARIO	♐	JÚPITER	♃	5	PÚRPURA	JUEVES	14 p.m.	SACHIEL		S y D
AGUA	CÁNCER	♋	LUNA	☽	2	BLANCO	LUNES	9 a.m.	GABRIEL		S-D-A
AGUA	ESCORPIÓN	♏	MARTE Y PLUTÓN	♂♇	3	ROJO	MARTES	11 a.m.	SAMAEL		S y A
AGUA	PISCIS	♓	JÚPITER	♃	5	PÚRPURA	JUEVES	14 p.m.	SACHIEL		S y D
AIRE	GÉMINIS	♊	MERCURIO	☿	4	AMARILLO	MIÉRCOLES	12 a.m.	RAFAEL		D
AIRE	LIBRA	♎	VENUS	♀	6	ROSA-AZUL	VIERNES	16 p.m.	ANAEL		A
AIRE	ACUARIO	♒	SATURNO	♄	7	VERDE OSC.	SÁBADO	18 p.m	CASSIEL		S y D
TIERRA	TAURO	♉	VENUS	♀	6	ROSA-AZUL	VIERNES	16 p.m.	ANAEL		A
TIERRA	VIRGO	♍	MERCURIO	☿	4	AMARILLO	MIÉRCOLES	12 a.m.	RAFAEL		D
TIERRA	CAPRICORNIO	♑	SATURNO	♄	7	VERDE OSC.	SÁBADO	18 p.m	CASSIEL		S y D

S = Salud
D = Dinero
A = Amor

INDICE